LE VIE DELLO SPIRITO

Sono usciti nella stessa collana:

SQ 21 - L'intelligenza spirituale
di Cindy Wigglesworth

Come la spiritualità cambia il cervello
di Andrew Newberg e Mark Robert Waldman

La preghiera quantica
di Joshua Kai

Innalza le tue vibrazioni
di Kyle Gray

Papa Francesco, il papa della misericordia
a cura di Carol Kelly - Gangi

Madre Teresa, la santa dei poveri
a cura di Carol Kelly - Gangi

Le preghiere di Madre Teresa
a cura di Anthony Stern

Accetta questo dono
di Frances Vaughan

Guida a Un corso in miracoli
di Jon Mundy

Lassù qualcuno ci ascolta
di Serge Girard

La Cabala per tutti
di Häim Korsia

Cabala, la chiave del potere Interiore
di Elizabeth Clare Prophet

La Bibbia segreta
di Kenneth Hanson

La via degli sciamani
di Kenneth Meadows

Alla ricerca di Dio
di Deepak Chopra

Il ragazzo che tornò dal paradiso
di Kevin e Alex Malarkey

SCIAMANESIMO

GIOSUÈ STAVROS

SCIAMANESIMO

Viaggio nel mondo dello spirito

ARMENIA

Via Milano 73/75 - 20010 Cornaredo (MI)
Tel. 02 99762433 - Fax 02 99762445
www.armenia.it
info@armenia.it

Stampato da Grafica Veneta S.p.A.

Amazon.

Album.

"Shamanic Journey

di Giosuè ~~Stra~~ Stravros

9 Tracce 15 a 30 minuti

A Valerio,
il Sole che illumina il mio cammino.

Introduzione

L'ORIGINE DI OGNI RELIGIONE

Il termine *sciamano* deriva dal tunguso (una lingua siberiana) e non ha un significato ben preciso, infatti lo sciamano sfugge ad ogni definizione. Molti considerano lo sciamano un guaritore, altri un sacerdote, un mago, un veggente, un medium o uno stregone. In realtà lo sciamano interpreta tutti questi ruoli senza rimanere confinato in nessuno di essi. Ben più interessante è la radice indoeuropea del termine, composta da *sa-* legata al verbo «sapere» e *mánu* con significato di uomo. Secondo questa interpretazione il termine sciamano significa «uomo di conoscenza».

Verso la fine del XVIII secolo il mondo occidentale scopre che la figura dello sciamano si ritrova in molteplici culture e tribù sparse in tutto il mondo, sia primitive che contemporanee.

Lo sciamanesimo è una pratica che esiste da millenni e si è diffusa in tutto il pianeta in un epoca in cui non esistevano mezzi di comunicazione di massa. Inoltre, gli antropologi hanno scoperto nel corso degli anni che culture sciamaniche molto distanti fra loro, non solo geograficamente ma soprattutto culturalmente, utilizzano metodi molto simili, se non addirittura identici, per celebrare i loro rituali ed effettuare le loro guarigioni. Questa scoperta mi ha sempre fatto pensare che lo sciamanesimo sia un'abilità innata dell'essere umano, così come la capacità di parlare e di creare una lingua in grado di comunicare con i propri simili. Non credo di esagerare sostenendo che lo sciamanesimo sia scritto nel nostro DNA. Nonostante l'evidenza di questa primordiale predisposizione del genere umano a comunicare con il mondo degli spiriti, lo sciamanesimo ha subito nei secoli una vera e propria persecuzione da parte delle più importanti religioni. In realtà, senza ombra di dubbio, credo che lo sciamanesimo sia l'origine di ogni religione, nonostante per sua natura non possa essere definito come tale. Questo può sembrare un paradosso, ma se analizziamo i più grandi esponenti religiosi della storia non possiamo che trovare delle similitudini con gli sciamani. Le esperienze sovrannaturali dei più famosi santi e profeti non sono altro che rivelazioni spirituali canalizzate in uno stato di trance sciamanica. Gli ebrei credono che Mosè comunicasse direttamente con Dio e che solo grazie a questa abilità sovrannaturale sia riuscito a liberare il suo popolo dalla tirannia del faraone. I mussulmani credono che il Corano sia stato dettato a Maometto dall'Arcangelo Gabriele. I buddisti riconoscono l'esistenza di regni spirituali dove è possibile sperimentare l'estasi e l'unione con il tutto.

L'esponente religioso che meglio rappresenta la figura dello sciamano è senza dubbio Gesù di Nazareth. Gesù aveva il dono di guarire gli infermi entrando in contatto con il regno dei cieli (*mondo superiore*, secondo la tradizione sciamanica). Gesù inoltre insegnava ai suoi discepoli a guarire il prossimo entrando in comunione con Dio (*fusione con il maestro spirituale*, secondo la tradizione sciamanica) ed era convinto che ogni uomo potesse compiere miracoli. Purtroppo le pratiche sciamaniche hanno sempre spaventato l'uomo perché sconfinano nell'ignoto e ciò che non si conosce viene da sempre temuto. Per questo motivo la storia è piena di sciamani perseguitati e uccisi. Giovanna d'Arco aveva il dono di comunicare direttamente con il mondo degli spiriti. Questa sua abilità l'aiutò a salvare il suo re e il suo popolo, eppure Giovanna venne messa al rogo il 30 aprile 1431. Le sue doti sciamaniche le furono fatali, poiché considerate un dono del demonio dagli esponenti ecclesiastici del suo tempo. Solo nel 1909, cinque secoli dopo la sua morte, la chiesa cattolica ha riconosciuto Giovanna d'Arco come una martire e una santa.

Nonostante ogni religione riporti inconfondibili tracce sciamaniche, nessuna insegna ai suoi fedeli a connettersi con il Divino mediante uno stato di espansione della coscienza. Il sacerdote, prete, mullah o rabbino, è l'unico intermediario legittimato a interpretare la parola di Dio. Questo sistema, se pur ingiusto, potrebbe anche funzionare se questi sacerdoti fossero realmente in grado di connettersi con i regni superiori. Il problema è che la conoscenza spirituale è stata ridotta a dogmi e comandamenti. La religione stabilisce in cosa bisogna credere e non è possibile mettere in dubbio questa presunta verità mediante una rivelazione diretta. Tutti i personaggi che hanno osato cercare da soli un contatto con i regni superiori sono stati marchiati come eretici, streghe e figli del demonio. A causa di questo oscurantismo spirituale che è giunto fino ai giorni nostri, l'uomo si è smarrito, diventando sempre più schiavo del materialismo, unica alternativa ad una rivelazione spirituale negata.

Capitolo 1

L'INIZIAZIONE

La mia iniziazione allo sciamanesimo è avvenuta molto tempo prima che mi avvicinassi a questa antica pratica spirituale. Oggi sono consapevole che la mia missione in questo mondo è risvegliare gli uomini e le donne che incontro lungo il mio cammino, renderli consapevoli del loro potere interiore e liberarli dalla prigione che la società e la sua rete intricata di istituzioni ha creato intorno a loro. Prima di giungere a questa consapevolezza ho dovuto affrontare molte prove. Come ogni sciamano ho dovuto guarire la mia anima prima di poter guidare gli altri verso la luce.

La mia iniziazione risale a quasi vent'anni fa, quando avevo circa diciotto anni. Nonostante la giovane età mi sono trovato ad affrontare una prova molto difficile che mi è quasi costata la vita. Sono nato con un problema cardiaco, un difetto interatriale, patologia non particolarmente grave e risolvibile mediante un intervento chirurgico. Questa anomalia cardiaca non permetteva al mio sangue di ossigenarsi nella giusta maniera ed è per questo che fin da piccolo mi sono sempre sentito diverso dagli altri bambini. Contrariamente ai miei coetanei mi stancavo molto facilmente, al punto da non riuscire a partecipare a giochi di gruppo, come una partita a pallone o nascondino. Ogni giorno soffrivo di violenti attacchi di emicrania che riuscivo a tenere sotto controllo solo con gli antidolorifici. I miei genitori mi hanno tenuto all'oscuro della mia patologia fino all'età di sedici anni e io sono cresciuto con la convinzione che ci fosse qualcosa di sbagliato in me. A causa della mia diversità sono stato sempre emarginato e ho passato gran parte della mia infanzia e adolescenza in solitudine.

Mio padre ha voluto posticipare il più possibile il mio intervento al cuore nella speranza che una tecnica meno invasiva, all'epoca sperimentale, fosse disponibile per i pazienti affetti dalla mia cardiopatia. Questa tecnica innovativa prevedeva l'accesso al cuore mediante l'arteria femorale, evitando così il classico intervento a cuore aperto. Purtroppo nel mio caso la procedura non ebbe successo e alla fine fui costretto a sottopormi all'intervento tradizionale.

Fu in quella occasione che entrai per la prima volta in contatto con il mondo dello spirito.

Fui portato in sala operatoria e sottoposto all'anestesia. Avrei dovuto rimanere in stato d'incoscienza fino al mio risveglio, ma non fu così. Per eseguire l'intervento i medici avrebbero dovuto arrestare il battito cardiaco e contemporaneamente attaccarmi a un macchinario che aveva la funzione di pompare il sangue per tenermi in vita. Non appena il mio cuore cessò di battere uscii dal corpo e mi vidi disteso sul tavolo operatorio mentre i medici eseguivano l'intervento. Ricordo che non provavo alcuna empatia, ero del tutto distaccato da ciò che accadeva. Al mio fianco c'era un'entità di luce argentea che aveva le sembianze di un anziano con la barba e i capelli lunghi. Avevo la sensazione di conoscere molto bene quello spirito che assisteva all'intervento con la mia stessa imperturbabilità.

Quando i medici ultimarono l'operazione provarono a far ripartire il cuore ma l'organo non reagiva a nessuna sollecitazione esterna. Nella sala operatoria si diffuse ben presto un'atmosfera di panico. Sul tavolo operatorio c'era un ragazzo di appena diciotto anni che sarebbe morto se il suo cuore non avesse ripreso a battere al più presto. Vedevo i medici affannarsi su di me, cercando in ogni modo di rianimarmi, ma quella scena mi lasciava del tutto indifferente. Fu allora che mi rivolsi allo spirito accanto a me e gli chiesi:

«Cosa sta succedendo?»

«Sei chiamato a fare una scelta», mi rispose con estrema calma.

«Che scelta?» chiesi incuriosito.

«Puoi scegliere se venire con me, oppure continuare la tua esperienza terrena».

Ricordo che fui tentato di seguire lo spirito perché provavo un senso di profonda beatitudine fuori dal corpo, eppure qualcosa dentro di me mi spingeva a tornare indietro.

«Se deciderai di continuare la tua esperienza terrena la tua vita non sarà facile», continuò l'entità. «Dovrai superare numerose prove per riuscire a portare a termine la tua missione».

«Quale missione?» chiesi del tutto ignaro di quello che lo spirito mi stava dicendo.

«Ti sei incarnato su questo pianeta, ma la tua anima non proviene da questo mondo. Ti sei incarnato per un motivo molto importante, risvegliare l'umanità dal grande sonno».

«Quale sonno?». Ciò che lo spirito mi diceva non aveva per me alcun senso, ma al contempo lo comprendevo a un livello molto profondo.

«Nel nostro mondo io sono tuo padre e tu sei mio figlio, ti ho preparato a lungo per portare a termine la tua missione ma ora hai la possibilità, se lo desideri, di rinunciare e tornare a casa con me».

Fu allora che il mio spirito combattivo prese il sopravvento. Se davvero avevo una missione da portare a termine non mi sarei certo dato per vinto tanto facilmente.

«Scelgo di continuare il mio viaggio», dissi ostentando sicurezza.

«Sono fiero di te figliolo. Io ti guiderò e ti aiuterò. Quando avrai bisogno di contattarmi entra nel tempo del sogno e lì mi troverai».

«Come ti chiami?»

«Il mio nome è Hemlek». Quel nome, per quanto strano, mi risultò familiare.

«Perché non ricordo da dove vengo?».

«Certo che ricordi, la tua anima conserva ogni memoria della tua provenienza, quando abbandonerai definitivamente questa dimensione tutto sarà chiaro».

Era come se la mia coscienza fosse divisa in due. Una parte di me sapeva che lo spirito al mio fianco era mio padre e che proveniva da un'altra dimensione. L'altra parte conservava solo una memoria terrena e non sapeva niente di Hemlek ne tantomeno della missione che avrei dovuto compiere.

Dell'incontro con lo spirito non ricordo altro. Quando mi svegliai dall'anestesia mi ritrovai in terapia intensiva, intubato e con i polsi legati al letto. Al mio corpo erano attaccati dei tubicini da cui usciva un liquido rossastro. Capii subito che l'intervento non era andato nel migliore dei modi. I medici mi dissero che avevo un'infiammazione dovuta all'operazione e che dovevano tenermi in terapia intensiva finché non mi fossi stabilizzato. Dovetti aspettare tre giorni prima di venire trasferito nel reparto di degenza. Durante quei giorni rimanevo spesso da solo e ripensavo a ciò che avevo sperimentato fuori dal corpo. La mia parte più razionale continuava a dirmi che si trattava solo di un sogno o di un'allucinazione dovuta all'anestesia. Fu solo quando raccontai l'episodio a mia sorella che mi convinsi che la mia esperienza era stata reale.

«Quello che hai visto è vero», mi disse con aria sbalordita. «I medici non riuscivano a far ripartire il tuo cuore. C'è stato un momento di panico in sala operatoria, poi fortunatamente sono riusciti a rianimarti».

«E perché nessuno me lo ha detto?» chiesi sbigottito.

«E perché avremmo dovuto dirtelo? L'importante è che alla fine sia andato tutto bene».

In quel momento capii che ero veramente uscito fuori dal corpo e che ero entrato in contatto con uno spirito di luce che mi aveva permesso di scegliere se continuare a vivere o seguirlo in un'altra dimensione. All'epoca ero davvero troppo giovane per capire il senso della missione che mi era stata affidata e mi concentrai solo sulla convalescenza. Purtroppo mi resi subito conto che le parole di Hemlek erano veritiere. La prima grande prova che dovetti affrontare fu recuperare la salute. A seguito dell'infiammazione dovuta all'intervento dovetti passare molto tempo in ospedale. Seguii una lunga terapia farmacologica che però non ebbe successo. L'infiammazione aveva formato un siero viscoso nel pericardio che comprimeva il cuore ostacolando la sua naturale contrazione. Passarono i mesi ma il mio corpo non sembrava guarire in alcun modo. Alla fine i medici decisero di operarmi nuovamente.

Il secondo intervento fu risolutivo. Dopo sei mesi di calvario fui finalmente dimesso dall'ospedale e potei tornare a casa. Quell'esperienza mi cambiò profondamente. Era come se la malattia mi avesse reso una persona totalmente diversa. Oggi sono consapevole di aver ricevuto un'iniziazione sciamanica, ma all'epoca non sapevo niente di sciamanesimo, né di spiriti guida. Solo quando ho iniziato il mio apprendistato ho scoperto che l'esperienza di pre-morte viene considerata un'iniziazione sciamanica in moltissime culture indigene. Non è un caso quindi che la vita mi abbia guidato successivamente verso questa antica pratica spirituale.

Capitolo 2

CONOSCI TE STESSO

Chiunque pratichi lo sciamanesimo non può non rendersi conto del profondo cambiamento interiore che questa pratica spirituale comporta. Essere sciamano vuol dire essere un creatore, un ribelle, un libero pensatore. Forse è per questo che non tutte le persone sono pronte a intraprendere questa via, poiché per farlo occorre essere molto coraggiosi, incuranti dell'opinione altrui e sicuri del proprio potere interiore. Durante il suo percorso iniziatico lo sciamano impara a conoscersi profondamente e a vedere ciò che gli uomini comuni non vedono. È per questo che uno sciamano non può essere ingannato o manipolato come un uomo comune. Non a caso presso i Tungusi siberiani il termine sciamano significa tra l'altro «colui che vede nel buio». Il dono della visione non serve solo ad esplorare i mondi invisibili, ma soprattutto per far luce nell'oscurità dell'animo umano. Questa dote permette allo sciamano di vedere lo spirito delle persone oltre l'involucro del loro corpo e quindi di percepire con estrema chiarezza le intenzioni, i sentimenti e le emozioni di chi hanno di fronte. Per riuscire ad acquisire una visione così profonda, lo sciamano deve prima imparare a vedere dentro di sé, esplorando ogni suo lato oscuro.

A tal fine, il primo compito iniziatico dello sciamano è quello di conoscere se stesso.

Conosci te stesso è un'esortazione che troviamo nel tempio di Apollo a Delfi, risalente al IV secolo a.C.

Nell'antica Grecia i templi erano luoghi sacri dove sacerdoti e sacerdotesse, entravano in contatto con gli dei per chiedere il loro aiuto o ricevere divinazioni. Queste pratiche avvenivano in uno stato alterato di coscienza proprio come da sempre fanno gli sciamani per contattare le proprie guide spirituali.

Per conoscere veramente noi stessi, comprendere chi siamo, cosa desideriamo nel profondo del cuore e qual è la nostra missione nel mondo, dobbiamo necessariamente attraversare un lungo processo di liberazione articolato in tre fasi:

- Liberarci dal dominio dell'ego,
- Liberarci dall'eccessiva influenza di qualsiasi istituzione sociale (famiglia, religione, stato, ecc.),
- Liberarci dai limiti della mente.

Solo dopo aver ultimato questo processo di liberazione si può intraprendere la via sciamanica, poiché un uomo identificato solo con il proprio ego non potrà mai essere uno sciamano, così come chi accetta dogmi e regole senza metterle in discussione, o chi considera reale solo ciò che percepisce con i propri cinque sensi.

Se pensate che questo percorso sia facile vi sbagliate di grosso, ma chi riesce a ultimare il processo di liberazione non diventa solo un uomo libero, ma una fonte di ispirazione per gli altri, un visionario, un innovatore, un conoscitore dell'animo umano... in una parola: uno sciamano.

Liberarsi dal dominio dell'ego

Liberarsi dal dominio dell'ego non vuol dire annientarlo, ma semplicemente togliergli il potere di guidare la nostra esistenza. L'ego è fondamentale per la nostra sopravvivenza ma al tempo stesso è la causa dell'infelicità dell'uomo. Pensate a quante volte avete sacrificato la vostra felicità e ciò che realmente desideravate in nome del vostro orgoglio, o perché preoccupati dell'opinione altrui. Quanta sofferenza ha generato l'aver anteposto il vostro ego al vostro cuore?

Se permettete all'ego di essere il pilota della vostra esistenza non raggiungerete mai la felicità. L'ego desidera i beni materiali, il successo, il potere e la fama. Sebbene ritengo che non ci sia niente di sbagliato nel desiderare il benessere materiale e il successo personale, so per certo che basare la propria esistenza solo su questi traguardi porta inevitabilmente frustrazione, sofferenza e insoddisfazione. Per quanti soldi riuscirete ad accumulare, per quanto in alto riuscirete ad arrivare, l'ego vorrà sempre di più. Più denaro, più potere, più riconoscimenti, più successo... di più, di più, di più... all'infinito. In questo modo la vostra esistenza sarà molto simile a quella di un criceto in gabbia che corre nella ruota a più non posso, senza arrivare mai da nessuna parte.

Pensate per un secondo a tutte quelle persone ricche e famose che si sono auto distrutte nonostante avessero più di quanto si possa riuscire ad immaginare. La loro condanna è stata rendersi conto di non ricevere più alcuna gratificazione dai beni materiali. Questa consapevolezza li ha spinti a rifugiarsi nel torpore fittizio delle droghe, dell'alcol, del cibo o dei farmaci. Pensate all'icona degli anni cinquanta Elvis Prisley, un uomo bellissimo, venerato dalle donne di tutto il mondo e che ha raggiunto un successo planetario accumulando una ricchezza sconfinata. Ebbene, quello stesso uomo si è lasciato morire lentamente annegando il suo senso di frustrazione e sofferenza nel cibo e nell'alcol. Più recentemente il mondo della musica ha perso la più straordinaria voce femminile di tutti i tempi, quella di Whitney Huston. Anche nel suo caso possiamo dire che, materialmente parlando, Whitney Huston aveva tutto quello che si può desiderare... e anche di più, ma nonostante questo ha scelto di uccidersi lentamente con la droga.

Ovviamente non tutte le persone ricche e famose si autodistruggono, molte di loro decidono di utilizzare il successo ottenuto per aiutare i più bisognosi attraverso fondazioni benefiche, altri invece percorrono un cammino spirituale. La loro salvezza è decidere, consapevolmente o no, di far pilotare la loro vita dal cuore e declassare l'ego a semplice passeggero.

Nella Cabala l'ego viene chiamato «l'avversario», ovvero quella parte di noi che fa di tutto per ostacolarci e distruggerci. È l'ego che fagocita il mondo e l'animo umano, spinto dall'avidità, dall'arroganza e dalla sete di vendetta. Secondo gli antichi saggi cabalisti il vero nome dell'ego è *Suh-táhn*, il cui significato è Satana. Il diavolo quindi non è un demone con le corna e la coda, come l'iconografia religiosa ci ha spinto a credere, ma è una parte di noi. Prendere consapevolezza del suo potere nefasto ci consente di non lasciargli prendere il controllo della nostra vita. Il vero pilota della nostra esistenza dovrebbe sempre essere il cuore, ovvero quella parte compassionevole, che vive in comunione con tutto il creato. È attraverso il potere del cuore che i miracoli si manifestano. È l'Amore che rende la nostra vita colma di gioia, prosperità e benessere.

L'ego per sua natura, strettamente legata all'istinto di sopravvivenza, cerca la gratificazione immediata ed è questo che fa di lui il più temibile degli avversari. Pensate a quanti buoni propositi non siete riusciti a portare a termine... Magari avete deciso di mettervi a dieta, ma poi avete ceduto quando vi hanno offerto una fetta di torta. Una vocina dentro di voi vi ha detto: «Mangia la torta, la dieta puoi iniziarla domani». Ma poi il giorno dopo si è presentata un'altra tentazione a cui non avete resistito e così all'infinito. Di chi pensate sia quella voce tentatrice che sentite ogni volta che decidete di privarvi di una gratificazione immediata? È l'ego, subdolo come un demonio, pronto a tutto pur di farvi cedere. È per questa ragione che la maggior parte delle persone non riesce a seguire una dieta, a smettere di fumare o di bere alcolici. Essere sciamani vuol dire riuscire a rendere i propri intenti manifesti, quali che siano ed per questo che è essenziale saper controllare l'ego e le sue incessanti richieste.

Conoscere il nostro avversario ci rende senza dubbio più forti ma questo non è sufficiente. Pensate ora a un intento in cui avete fallito più volte perché avete ceduto alla vocina tentatrice dentro di voi. Ora potete mettere alla prova il vostro potere personale utilizzando questa nuova conoscenza. Decidete adesso, in questo preciso istante, di perseguire il vostro intento finché non si sarà manifestato nella realtà ordinaria. Ogni volta che la voce dell'ego comincerà a farsi sentire pronunciate dentro di voi, o ad alta voce, queste parole magiche: «Il mio intento è...» e aggiungete ciò che volete ottenere. Per esempio: «Il mio intento è smettere di fumare», oppure... «Il mio intento è imparare l'inglese»... «Il mio intento è fare un'ora di ginnastica al giorno» ecc. Questo semplice metodo rafforzerà la vostra volontà ricordandovi la promessa che avete fatto a voi stessi.

Ricordatevi che la vera felicità non è a portata di mano. La gratificazione immediata che può darvi una sigaretta, una torta al cioccolato o un bicchiere di whisky, svanirà velocemente lasciandovi con i vostri sensi di colpa saturi di frustrazione.

Per far in modo che la vostra forza di volontà non vacilli e per rendere l'ego innocuo come un agnellino dovrete imparare ad amarvi profondamente. Finché non riuscirete a essere compassionevoli con voi stessi non potrete vincere il vostro ego. L'ego riesce ad avere il controllo solo su chi non si ama. Le persone con una bassa autostima sono i soggetti più deboli perché, non sentendosi «abbastanza», devono necessariamente attingere a gratificazioni esterne per sentirsi a posto con loro stessi. Sfortunatamente nessuno ha mai trovato la vera felicità cercando al di fuori di sé. Ogni gratificazione esterna è destinata a dissolversi dopo poco costringendoci a cercare qualcos'altro che anestetizzi il nostro senso di inadeguatezza. Chi non si ama tende a essere molto critico verso se stesso, non si sente mai all'altezza ed escogita modi fantasiosi per punirsi delle sue mancanze. Molto spesso questa dinamica contorta si eredita da uno o da entrambi i genitori, che a loro volta non sono stati in grado di amarsi.

Non occorre sottoporsi ad anni di psicoanalisi per recuperare l'amore per se stessi. Lo sciamanesimo ci insegna che basta stabilire un intento per iniziare il processo di cambiamento. Vi chiedo quindi adesso, in questo preciso istante, di formulare l'intento di amarvi e apprezzarvi incondizionatamente. Non importa se vi considerate grassi, brutti, poveri o se siete stati appena lasciati dal partner. Per quanto severamente vi giudichiate potete decidere di cambiare il vostro rapporto con voi stessi. Seguire questo obiettivo migliorerà notevolmente la vostra vita perché innescherà in voi un processo creativo che vi porterà a manifestare ciò che desiderate dal profondo del cuore.

Adesso che avete stabilito il vostro intento vi chiedo di imparare a memoria quella che da ora in poi sarà la vostra presentazione:

Io sono (aggiungete il vostro nome e cognome) *e mi amo e mi apprezzo infinitamente.*
Io sono (nome e cognome) *e sono perfetto così come sono.*
Io sono (nome e cognome) *e ho il potere di creare ciò che desidero.*

Presentatevi in questo modo alle quattro direzioni. Rivolgetevi ad est e ripetete la vostra presentazione per tre volte, poi fate lo stesso nei restanti punti cardinali procedendo in senso orario (sud, ovest e nord). Eseguite questo semplice rituale la mattina appena vi svegliate e la sera prima di andare a dormire. Mentre fate la vostra presentazione portate l'attenzione sul cuore e cercate di provare un profondo e sincero amore verso voi stessi. Se c'è qualcosa che vi ostacola e che vi impedisce di nutrire un sentimento puro e incondizionato nei vostri confronti, pronunciate la dichiarazione rivolgendovi alla vostra anima. Questo stratagemma vi permetterà di trascendere il corpo, innalzando la vostra vibrazione. Se ne sentite il bisogno potete pronunciare la vostra presentazione in qualsiasi momento della giornata guardandovi in uno specchio. Fatelo quando vi accorgete di essere troppo severi con voi stessi.

Vi garantisco che queste semplici parole avranno l'effetto di un incantesimo. Il vostro umore migliorerà e le persone intorno a voi cominceranno ad essere amorevoli e generose nei vostri confronti. Dopotutto gli altri rispecchiano ciò che proviamo dentro di noi ed è quindi normale assistere a un cambiamento radicale anche nelle relazioni interpersonali.

Lo sciamanesimo insegna a essere consapevoli delle parole che rivolgiamo a noi stessi e agli altri. Le parole sono potere. Il famoso termine Abracadabra, che noi tutti associamo alla magia, proviene dall'aramaico *abraq ad habra*, e significa «io creerò per come parlo». Ogni volta che usiamo una parola piantiamo un seme, se continuiamo a ripeterla il seme cresce. Fate quindi attenzione al vostro linguaggio e soprattutto al vostro dialogo interiore. L'utilizzo dei mantra nasce proprio dalla consapevolezza degli antichi saggi del potere creativo delle parole. Grazie a questo potere potete cambiare il vostro rapporto con voi stessi e diventare delle persone più felici e appagate.

Accrescendo l'amore che nutrite nei vostri riguardi, aumenterete notevolmente il vostro potere personale e riuscirete finalmente a liberarvi dal dominio dell'ego. Non inseguirete più le nocive gratificazioni immediate, ma agirete per il vostro bene supremo. Farete delle scelte basandovi su ciò che realmente volete manifestare nella vostra vita ed eviterete tutto ciò che può ostacolarvi o sabotarvi.

Liberarsi dall'eccessiva influenza delle istituzioni sociali

Un altro passo fondamentale da compiere prima di intraprendere la via sciamanica è comprendere il potere che le istituzioni hanno sulla nostra vita.

La società è formata da un numero infinito di istituzioni. La famiglia è la prima che conosciamo, ma crescendo ne scopriamo moltissime altre, come la scuola, i partiti politici, le religioni, i governi ecc.

Le istituzioni, nella maggior parte dei casi, hanno la funzione di tutelare e proteggere i propri componenti, nonché di garantire l'«ordine» sociale. Tutto questo è positivo poiché riflette l'innata attitudine degli uomini a collaborare tra loro per il bene comune. Purtroppo, a volte, a capo delle istituzioni si trovano dei leader il cui unico scopo è quello di accrescere il proprio potere. La storia è piena di tiranni che hanno distrutto interi popoli per soddisfare il loro delirio di onnipotenza. Uno degli esempi più atroci è Adolf Hitler, che sterminò milioni di ebrei e diede inizio alla seconda guerra mondiale. Hitler poté mettere in atto il suo disegno scellerato perché riuscì a creare un movimento politico che ingannò il popolo tedesco: il nazionalsocialismo. Come leader di questa organizzazione, nel 1934, si attribuì il titolo di Führer e fu nominato Cancelliere del Reich, acquisendo, dopo la morte del presidente Paul von Hindenburg, poteri illimitati. Hitler riuscì a commettere i suoi crimini indicibili grazie all'appoggio del popolo tedesco: senza questa rete di sostegni, non sarebbe mai riuscito ad attuare i suoi intenti.

È importante avere le consapevolezza che far parte di un'istituzione vuol dire condividerne i principi e le regole. Per questo motivo è fondamentale far ascoltare la nostra voce quando non riconosciamo più tali principi. Se non lo facciamo smettiamo automaticamente di ascoltarci e iniziamo a seguire la corrente, ignari che questo processo ci farà perdere il contatto con noi stessi. Per farvi comprendere quanto possa essere pericolosa questa dinamica vi porterò un esempio estremo. Pensate ai fanatici islamici che si fanno esplodere tra la folla in nome di Allah. Credete che quelle convinzioni che li hanno spinti a sacrificarsi appartengano davvero a loro? Io credo che siano il frutto di un abile e subdolo lavaggio del cervello. State pur certi che i capi di queste organizzazioni fanatico-religiose non si sognerebbero mai di uccidersi in nome della loro causa.

Ognuno di noi ha il potere di influenzare il prossimo, nel bene e nel male. Purtroppo il più delle volte ignoriamo l'importanza del nostro punto di vista e ci lasciamo trascinare dal branco, anche se siamo consapevoli che ci sta portando nella direzione sbagliata. Sono sicuro che se gli uomini avessero dato la giusta importanza al proprio pensiero e al loro potere personale, molte guerre si sarebbero potute evitare. Quello su cui dovremmo interrogarci è perché la maggior parte degli esseri umani sono così facilmente manipolabili dai loro leader politici e religiosi.

Diventare sciamani vuol dire liberarsi dall'influenza di qualsiasi organizzazione e seguire il proprio cuore senza condizionamenti di alcun genere. Uno sciamano sceglie i suoi valori, la sua morale e il suo senso di giustizia, non lascia che gli vengano inculcati da altri. Questo processo di consapevolezza porta a riconoscere il proprio valore, la capacità di influenzare il prossimo e di fare la differenza. Se vogliamo davvero cambiare il mondo dobbiamo essere noi per primi a incarnare tale cambiamento. Penso che la frase del Mahatma Gandhi, *Sii il cambiamento che vuoi vedere nel mondo*, sia il più alto insegnamento spirituale che l'umanità abbia mai ricevuto. In questa frase è racchiuso il segreto per ottenere la pace nel nostro pianeta e far nascere nel cuore di ogni uomo un senso di fratellanza universale. Questi principi, che hanno dato vita alle religioni di tutto il mondo, troppo spesso sono stati dimenticati o travisati. Essere sciami vuol dire veramente diventare il cambiamento che vogliamo vedere nel mondo e dare il proprio contributo per ispirare anche gli altri a fare lo stesso. Indubbiamente la pratica sciamanica vi cambierà profondamente e le persone intorno a voi noteranno la vostra trasformazione. Molti verranno attratti dalla vostra luce interiore, mentre altri ne saranno intimoriti e vi emargineranno. Attenzione però, se non siete disposti a pagare il prezzo della vostra libertà intellettuale e spirituale, vi consiglio di chiudere questo libro e abbandonare la via sciamanica.

Liberarsi dai limiti della mente

Chi intraprende la via sciamanica si rende conto ben presto che per beneficiare totalmente di questa pratica spirituale è fondamentale oltrepassare i limiti della mente. La mente, infatti, riconosce la realtà attraverso i cinque sensi e ignora tutte quelle preziose informazioni percepite a un livello più profondo. Il famoso sesto senso, più comunemente chiamato «intuito», è nella maggior parte delle persone come addormentato. Ciò non vuol dire che non sia presente, ma solo che il suo potenziale non viene sfruttato. I muscoli, se non vengono utilizzati si atrofizzano, rendendo molto difficoltosa, se non addirittura impossibile, la mobilità. L'intuito, allo stesso modo, se non viene usato si affievolisce sempre di più, fin quasi a scomparire del tutto. Per rianimare il nostro sesto senso occorre quindi sottoporlo a una «riabilitazione» e per farlo basta porre l'attenzione sul nostro sentire.

Un esercizio utile per riattivare il vostro intuito è imparare a leggere l'energia delle persone. Per farlo scegliete un soggetto di cui non sapete niente, per esempio uno sconosciuto che incontrate in metropolitana o in un ristorante. Concentratevi su di lui, ponete l'attenzione sul vostro cuore e lasciate che le informazioni riguardanti la sua vita giungano a voi. Che cosa vi dice il suo volto, l'espressione degli occhi, o il suo modo di muoversi? Che energia trasmette il suo corpo? Probabilmente all'inizio avvertirete delle difficoltà, ma più andrete avanti nella pratica, più le informazioni arriveranno a voi in modo spontaneo e naturale. Magari potreste intuire che quello sconosciuto ha un rapporto bellissimo con i suoi figli, oppure che sta vivendo delle difficoltà lavorative... Più sarete concentrati sul vostro cuore durante l'esercizio e più le informazioni saranno corrette. Ricordatevi che non si tratta di provare a indovinare, ma di mettersi in ascolto dell'altro e leggere la sua energia. Quando avrete preso una certa dimestichezza con questa pratica, provate ad eseguire lo stesso esercizio con persone che conoscete a livello superficiale, come i colleghi di lavoro o i vostri vicini di casa. Scegliete un soggetto e lasciate fluire verso di voi le informazioni sconosciute a livello razionale, dopodiché trascrivetele su un foglio in modo da non dimenticare nessun dettaglio. Quando si presenta il momento adatto, avvicinate la persona su cui avete eseguito l'esercizio e comunicatele quello che avete percepito. Se temete di venir presi per pazzi potete utilizzare un escamotage. Per esempio, se avete intuito che il vostro collega ha una vita sentimentale burrascosa, potete dirgli: «Sai? Questa notte ho sognato che litigavi con la tua compagna...». Attraverso la sua reazione potete capire se la vostra intuizione è veritiera. Se siete fortunati il soggetto comincerà ad aprirsi e vi dirà chiaramente se il vostro «sogno» corrisponde alla realtà. Ricevere un riscontro riguardante le vostre percezioni è importante per acquisire fiducia in voi stessi e rendervi conto che avete a disposizione uno strumento prezioso che può guidarvi in ogni situazione della vostra vita. Anche se a volte sbagliate non fatevi prendere dallo sconforto e ricordate che la pratica porta alla perfezione. Un altro errore da non commettere è farsi prendere dall'ansia da prestazione. Per evitarlo prendete questo esercizio con leggerezza, come se fosse un gioco.

Quando avrete imparato a leggere l'energia delle persone potrete estendere questa abilità a qualsiasi cosa. Potete entrare in un luogo e percepire la sua energia o prendere un oggetto in mano e conoscere la sua storia. L'intuito è un senso che ci permette di oltrepassare i limiti della mente e accedere a una miriade di informazioni.

Ma com'è possibile riuscire a leggere l'energia? Da un punto di vista sciamanico questo è spiegabile per il semplice fatto che tutto nel nostro mondo ha uno spirito, non solo gli uomini, ma anche gli animali, le piante, i minerali, gli oggetti e i luoghi. Inoltre tutto è connesso da una rete energetica dove passano informazioni, sentimenti, pensieri, emozioni ecc.

La teoria del big bang conferma questa tesi poiché sostiene che all'inizio della creazione esisteva solo l'uno, un'unica massa di energia che esplodendo ha dato vita all'universo. Ogni cosa esistente non è che il frammento di un'unità andata in pezzi. Secondo questa teoria noi siamo come cellule di un unico organismo. Questo spiegherebbe come mai alcune persone riescono a comunicare telepaticamente.

Recentemente un team di ricercatori dell'Università di Washington è riuscito a mettere in comunicazione due cervelli distanti migliaia di chilometri utilizzando un apparecchio per l'encefalogramma e un dispositivo per la stimolazione transcranica. Come dimostrato nel loro studio, le due persone così collegate sono state in grado di comunicare a livello telepatico. Queste conferme provenienti dal mondo scientifico sono la riprova che ognuno di noi possiede un sesto senso che gli permette di percepire tutto ciò che lo circonda a un livello molto più profondo. Liberarsi dai limiti della mente razionale ci apre una finestra su infinite possibilità, permettendoci di accedere al mondo dello spirito dove l'invisibile diventa visibile. Affinare questa abilità ci consente non solo di sentire l'energia delle persone ma anche dei luoghi. Per esempio, se una casa è stata lo scenario di violenze domestiche, la sua energia sarà particolarmente pesante e chiunque entrando avvertirà, in modo più o meno consapevole, una sensazione di disagio. Secondo lo sciamanesimo tutto entra in risonanza a livello energetico. L'energia di una persona può influenzare quella di un luogo e viceversa. Utilizzate quindi i vostri pensieri e le vostre parole per benedire voi stessi e il mondo che ci circonda. Se entrando in un luogo avvertite un'energia ostile concentratevi sul vostro cuore e inviate amore incondizionato finché non sentite l'atmosfera farsi più leggera e armoniosa. Vi renderete conto che inviare amore incondizionato nei luoghi intrisi di negatività sarà come accendere una candela nel buio.

L'unico limite che può impedirvi di trasformare l'energia con cui entrate in contatto è la vostra mente razionale. La ragione continuerà a ripetervi che tutto è separato e che ciò che accade dentro di voi non è in grado di influenzare la realtà che vi circonda.

Finché rimarrete ancorati a queste convinzioni non potrete mai essere uno strumento di guarigione. Per cui liberatevi da queste credenze limitanti e lasciate che il vostro io bambino si riappropri del suo potere divino. Solo così potrete diventare degli sciamani.

Capitolo 3

I REGNI INVISIBILI

Secondo tutte le culture sciamaniche esistono due realtà ben distinte che sono la realtà ordinaria e la realtà non ordinaria. La prima è quella che ognuno di noi sperimenta ogni giorno ed è governata da leggi fisiche e dai limiti imposti dal tempo e dallo spazio. La realtà ordinaria è il regno della materia e viene sperimentata attraverso il nostro corpo fisico. Questa dimensione comprende ciò che ogni uomo riesce a vedere, inclusi i pianeti e le stelle.

La realtà non ordinaria è il regno dello spirito, è una dimensione immateriale e viene sperimentata da ognuno di noi mentre sogniamo, ma è possibile accedervi anche in stato di veglia grazie alla meditazione, all'utilizzo del suono o di alcune sostanze psicoattive. La realtà non ordinaria viene esplorata dal nostro spirito o, se preferite, dal nostro corpo astrale. La mancanza dei limiti corporei ci permette di spostarci con estrema rapidità nello spazio senza l'influsso delle leggi fisiche.

Per compiere un viaggio sciamanico è indispensabile accedere alla realtà non ordinaria e per farlo bisogna entrare in uno stato di espansione della coscienza (trance).

In alcune culture, come nella foresta amazzonica e nelle Ande, gli sciamani entrano in trance utilizzando l'ayahuasca, una sostanza allucinogena che si ottiene miscelando in un decotto diverse piante, principalmente liane polverizzate di *Banisteriopsis caapi* e le foglie di *Psychotria viridis*. Nei riti sciamamici dei nativi americani viene invece impiegata la mescalina, una sostanza psicoattiva presente nel peyote, un piccolo cactus (*Lophophora williamsi*) originario del deserto del Messico.

Nell'Asia del nord e in particolare nello sciamanesimo siberiano viene utilizzato principalmente il suono del tamburo o dei sonagli per entrare in trance. Quest'ultimo è il metodo più naturale e sicuro per compiere un viaggio sciamanico.

Il ritmo ripetuto e monotono del tamburo o dei sonagli è in grado di indurre l'espansione della coscienza perché modifica le onde celebrali. È stato dimostrato scientificamente che quando ascoltiamo il suono continuo del tamburo, il nostro cervello produce onde Theta, ovvero le onde celebrali che si manifestano durante la fase R.E.M. Non a caso nella tradizione degli aborigeni australiani la realtà non ordinaria viene definita il tempo del sogno. Così come avviene nel sogno, è possibile accedere in una nuova dimensione che possiamo esplorare e percepire con tutti i sensi. Quante volte vi è capitato di fare dei sogni così realistici a livello visivo, auditivo e sensoriale, da non riuscire a distinguerli dalla realtà ordinaria? Ebbene, questo vi può bastare per comprendere l'effetto che le onde Theta possono avere sulle vostre percezioni.

La pratica sciamanica avviene nella realtà non ordinaria perché è in questa dimensione che è possibile contattare gli spiriti e chiedere il loro aiuto.

Nelle varie culture e tribù il ruolo dello sciamano è sempre stato quello di aiutare la comunità. Grazie alla sua facoltà di mettersi in contatto con il mondo degli spiriti, lo sciamano invoca la pioggia in periodi di siccità, svolge rituali per favorire un raccolto prospero e compie viaggi sciamanici per guarire ogni genere di disturbo fisico o mentale dei membri della comunità. Per tutti noi, che viviamo in un mondo dominato dalla scienza e dalla tecnologia, la pratica sciamanica può apparire piuttosto primitiva e priva di senso logico, eppure, come molti antropologi hanno potuto constatare personalmente, il più delle volte lo sciamano riesce nel suo intento. In molti testi, così come in numerosi filmati, vengono documentate guarigioni a mali incurabili, piogge torrenziali in periodi di grande siccità, ritrovamenti di oggetti andati perduti e molto altro ancora. Le persone ancorate radicalmente al loro lato razionale considerano questi avvenimenti casualità, coincidenze e effetto delle suggestione, ma vi invito ad avvicinarvi allo sciamanesimo con il candore di un bambino, senza pregiudizi di alcun tipo. Lasciatevi sorprendere dal divino che è in voi, e concedetegli spazio. La pratica dello sciamanesimo ci insegna a sollevare il velo che ci separa dal mondo invisibile, una dimensione dove abbiamo la possibilità di crescere spiritualmente, accedere alle nostre facoltà nascoste e conoscere più profondamente la nostra anima.

Per noi occidentali l'aspetto più difficile della pratica sciamanica è imparare a fidarsi di noi stessi e del nostro intuito. Fin da quando siamo venuti al mondo ci hanno insegnato a credere solo a quello che vediamo, sentiamo e percepiamo con i nostri cinque sensi. In realtà, quando eravamo dei bambini riuscivamo a vedere la realtà non ordinaria con estrema chiarezza, ma l'educazione che abbiamo ricevuto ci ha portato a negare l'esistenza di questa dimensione spirituale, perdendo così l'abilità di esplorarla. I bambini sono dei meravigliosi insegnanti di sciamanesimo perché hanno una capacità innata di accedere alla realtà non ordinaria ogni volta che lo desiderano. A volte i bambini si relazionano al mondo invisibile con una naturalezza sconcertante. Solitamente un genitore si preoccupa molto quando il figlio instaura un rapporto speciale con un amico «immaginario», così fa di tutto per convincerlo che quell'entità non esiste e che è solo frutto della sua fantasia. Secondo lo sciamanesimo questi «amici immaginari» sono in realtà degli spiriti alleati, dei Maestri, che hanno il compito di proteggere e aiutare le persone a cui si mostrano. Se chiedete a un bambino di parlarvi del suo amico immaginario vi accorgerete che lo farà con una tale minuzia di particolari che per un attimo dubiterete che sia solo il frutto della sua immaginazione. I bambini sono in grado di comunicare con tutto ciò che li circonda: con le piante, le pietre, gli alberi, gli animali, i giocattoli ecc.. Gli sciamani fanno esattamente la stessa cosa perché hanno la consapevolezza che ogni cosa in questo universo è viva ed ha uno spirito. Purtroppo a causa dell'educazione che riceviamo perdiamo molto presto l'abilità di connetterci alla realtà non ordinaria e ci conformiamo al mondo degli adulti. La pratica sciamanica ci permette di riappropriarci di una dote che ci appartiene fin dalla nascita. La materia è solo un aspetto della nostra realtà, ma noi siamo molto più che semplice materia. Lo sciamanesimo ci permette di spalancare le porte della percezione e ampliare notevolmente la nostra visione del mondo.

Leggendo questo libro imparerete a compiere il viaggio sciamanico e a conoscere entità spirituali in grado di aiutarvi. È importante che non abbiate fretta di esplorare i mondi invisibili e che procediate gradualmente. Quello che vi occorre per la pratica sono delle tracce audio che riproducano i tambureggiamenti sciamamici. Vi consiglio di scaricare su I-tunes o su Amazon il mio album ideato appositamente per compiere il viaggio sciamanico (Shamanic Journey di Giosuè Stavros). L'album è composto da nove tracce che vanno dai 15 ai 30 minuti e contengono, tambureggiamenti, e ritmi tribali realizzati con i sonagli. Data la varietà dei suoni presenti è possibile provare a viaggiare ogni volta con tracce diverse per capire quale sia il ritmo e lo strumento più adatto a indurvi in uno stato di coscienza alterato.

Prima di effettuare un viaggio sciamanico è necessario ultimare questo libro in modo da apprendere tutte le informazioni necessarie, dopodiché dedicatevi alla pratica sciamanica fidandovi ciecamente di voi stessi e delle vostre percezioni spirituali. L'errore più grosso che potete commettere è credere che ciò che vedete, sentite e percepite durante il viaggio sciamanico, sia solo il frutto dell'immaginazione.

I tre mondi

Secondo la tradizione sciamanica nella realtà non ordinaria esistono tre mondi: il mondo inferiore, il mondo di mezzo e il mondo superiore. Ognuno di questi regni ha delle caratteristiche specifiche così come le entità che li abitano.

Nel mondo superiore e in quello inferiore è possibile incontrare gli spiriti aiutanti, il cui supporto è indispensabile per compiere guarigioni spirituali, fare divinazioni e ricevere protezione. Il mondo di mezzo è invece la dimensione spirituale della nostra realtà ordinaria. Qui sono presenti varie entità sia benevole che ostili, pertanto esplorare questo regno richiede una preparazione particolare. Per visitare i mondi invisibili lo sciamano deve prima accedere a uno stato di trance che può raggiungere mediante il suono del tamburo, digiunando o sottoponendo il corpo a un forte stress fisico, oppure mediante l'assunzione di sostanze psicotrope.

Nello sciamanesimo celtico si accede ai vari regni utilizzando l'albero della vita, perfetto simbolo di congiunzione tra i mondi spirituali. Durante il suo apprendistato lo sciamano vaga nei boschi per trovare il suo albero di potere, dopodiché compie una cerimonia per fondere il suo spirito con quello della pianta. Solo dopo questa fusione l'uomo potrà utilizzare l'albero per accedere ai regni invisibili. Successivamente, in uno stato di trance, lo sciamano potrà sprofondare nel mondo inferiore attraverso le radici, ascendere al mondo superiore salendo in cima ai rami più alti, oppure esplorare il mondo di mezzo uscendo dal tronco dell'albero.

Questo è solo un esempio di come sia possibile accedere alla dimensione spirituale. Ogni cultura sciamanica presenta delle caratteristiche uniche che, se pur diverse tra loro, conducono tutte al medesimo obbiettivo: sollevare il velo che separa lo sciamano dal mondo dello spirito. Nel corso di questo libro vi insegnerò ad effettuare il viaggio sciamanico utilizzando un metodo del tutto privo di qualsiasi retaggio culturale, in modo che possiate riconoscerlo come vostro.

Il mondo inferiore

Il mondo inferiore si trova nel cuore della terra e si presenta generalmente con un'ambientazione selvaggia. Questa dimensione può apparire come una foresta, una giungla ma a volte può mostrarsi anche come un deserto o un paesaggio roccioso. Voglio sottolineare che lo sciamanesimo è un metodo di rivelazione diretta, per cui ognuno può vedere e percepire i mondi invisibili in modo del tutto personale.

Nel mondo inferiore esistono solo entità compassionevoli, il cui compito è quello di guidarci, proteggerci e aiutarci a compiere delle guarigioni per noi stessi o per gli altri. Questi spiriti si mostrano solitamente sotto forma animale, ma è possibile anche incontrare entità dalle sembianze umane e perfino i nostri antenati.

Il mondo inferiore è la prima dimensione che viene esplorata dagli apprendisti sciamani, questo perché è proprio qui che avviene l'incontro con l'animale di potere. Riconoscere il proprio totem è fondamentale per qualsiasi sciamano poiché rappresenta la fonte della sua conoscenza spirituale. L'animale di potere offre allo sciamano la protezione necessaria per svolgere le sue pratiche spirituali e per viaggiare nei regni invisibili.

Nel mondo inferiore esistono vari livelli che possono essere raggiunti attraverso tunnel di passaggio che conducono lo sciamano sempre più in profondità. Questi portali si mostrano generalmente come buche nel terreno, grotte o precipizi. Ogni livello appare solitamente con uno scenario diverso ed è abitato da spiriti compassionevoli. Il numero dei livelli presenti nel mondo inferiore non è uguale per tutti perché ognuno ha una percezione del tutto personale dei regni invisibili, è quindi giusto che sia lo sciamano ad individuarli attraverso la sua rivelazione diretta.

Il mondo di mezzo

Il mondo di mezzo è la dimensione spirituale del nostro mondo fisico. Gli sciamani compiono viaggi in questo regno per accompagnare le anime dei defunti o per contattare gli spiriti della natura. In questa dimensione si trovano varie entità che possono essere divise in tre categorie:

Spiriti semi-compassionevoli: Sono gli spiriti di persone che hanno sviluppato un grande potere nel corso delle loro vite. Magari sono stati sciamani, sacerdoti, veggenti o stregoni. Questi spiriti sanno perfettamente di essere morti e decidono deliberatamente di rimanere nel mondo di mezzo per proteggere e aiutare uno o più discendenti della loro famiglia. Gli spiriti semi-compassionevoli possono utilizzare il loro potere sia per scopi positivi che negativi. A volte tendono ad essere iperprotettivi con i propri cari e scatenano la loro ira su chi fa loro del male. Le persone che hanno uno spirito semi-compassionevole al loro fianco sono molto rare, nonché molto fortunate, riescono ad ottenere facilmente tutto ciò che desiderano e sembrano essere immuni a qualsiasi attacco venga rivolto contro di loro.

Spiriti amorali: Sono entità che potremmo definire neutre, ovvero, né buone, né cattive. Fanno parte di questa categoria gli spiriti degli elementi (aria, acqua, terra e fuoco) e gli spiriti della natura che troviamo nello sciamanesimo celtico (gnomi, fate, elfi, folletti ecc.). È possibile richiedere l'aiuto di questi spiriti per agire sia nel bene che nel male. La stregoneria e la Wicca utilizzano gli spiriti amorali per compiere rituali e incantesimi di vario tipo. Gli sciamani Shuar (Jívaro) sono soliti convincere gli spiriti amorali a compiere il loro volere con preghiere, venerazione e offerte come tabacco, fiori, alcolici ecc. Anche l'esoterismo diffuso in occidente usa l'aiuto degli spiriti amorali e non sempre per scopi positivi. Ci sono moltissimi stregoni che, dietro un lauto compenso, sono disposti a compiere sortilegi, come legamenti d'amore e fatture. Molti di loro non sanno che prima o poi gli effetti di queste azioni criminali si ripercuoteranno su di loro moltiplicati. I maghi neri fanno sempre una fine terribile. Per questo motivo non bisognerebbe mai, assolutamente mai, agire spiritualmente per nuocere a qualcuno o per violare la sua volontà.

Anime sofferenti: Sono gli spiriti dei defunti che si sono smarriti, senza riuscire a trovare la via verso la luce. A differenza degli spiriti semi-compassionevoli, le anime sofferenti non compiono una scelta consapevole di rimanere nel mondo di mezzo ma ne rimangono come imprigionate. Il più delle volte queste entità non sanno di essere morte, oppure non vogliono prenderne consapevolezza e rimangano a vagare in una sorta di limbo in uno stato di eterna sofferenza. Una pratica sciamanica molto diffusa è proprio l'accompagnamento dei defunti che permette a queste entità di trovare la pace e di continuare la loro evoluzione spirituale. A volte le anime si smarriscono a causa di una morte violenta o dovuta all'assunzione di farmaci oppiacei che li hanno indotti in uno stato confusionale nel momento del trapasso. I malati terminali, i tossicodipendenti, le vittime di incidenti stradali o di omicidio sono le anime che hanno più difficoltà ad ascendere verso la luce. Questi spiriti perdono completamente il senso del tempo e si attaccano ai luoghi in cui hanno vissuto quando erano in vita, nonché ai loro cari. Quando un'anima sofferente rimane vicina a un familiare si nutre in modo inconsapevole della sua energia vitale. Non è un atto voluto, ciò avviene spontaneamente. Questi spiriti hanno un'energia molto bassa ed hanno quindi costantemente bisogno di attingere al campo energetico di chi è ancora in vita. Le persone che vengono «vampirizzate» dalle anime sofferenti manifestano stanchezza cronica, apatia e salute cagionevole. Il basso livello energetico con cui questi soggetti sono costretti a vivere influenza negativamente ogni aspetto della loro vita. Voglio sottolineare che gli spiriti sofferenti non sono consapevoli di danneggiare le persone a cui rimangano vicine perché si trovano in uno stato confusionale dovuto a una morte particolarmente dolorosa o traumatica. Se uno spirito sofferente rimane nella casa in cui ha vissuto, l'abitazione viene avvolta da una cappa di negatività che influenza pesantemente tutte le persone che vi abitano. I sintomi più comuni che si possono sperimentare in questi luoghi sono mancanza di energia, irascibilità, emicrania e depressione. Anche chi visita la casa in questione avverte un'atmosfera particolarmente pesante e solitamente desidera andarsene il prima possibile. Proprio per questo motivo gli immobili abitati da anime sofferenti sono molto difficili da vendere.

Il mondo superiore

Il mondo superiore si trova oltre la volta celeste e si presenta solitamente come uno scenario evanescente e fantastico. La luce tende a essere dorata o dalle tonalità pastello. Il paesaggio può apparire in vari modi: c'è chi si trova sopra le nuvole e chi in un deserto dorato. Altri percepiscono il mondo superiore come una città di cristallo o di ghiaccio, ma è possibile anche ritrovarsi in un paesaggio lunare. Anche in questo caso l'esperienza è del tutto personale.

Nel mondo superiore si trovano solo spiriti compassionevoli. Queste entità si mostrano con sembianze umane, ma si possono incontrare anche angeli, animali e divinità appartenenti alle varie mitologie e religioni. Non stupitevi se esplorando questa dimensione vi capiterà di vedere Gesù, Buddha o Shiva. Qui abitano anche gli spiriti dei saggi, dei filosofi e dei santi.

Durante i miei seminari di sciamanesimo mi capita spesso di ricevere testimonianze di persone non appartenenti a una fede religiosa che raccontano di aver incontrato la Vergine Maria o persone molto cattoliche che incontrano divinità induiste. Queste esperienze sono la dimostrazione che ciò che sperimentiamo durante il viaggio sciamanico non è il frutto della nostra immaginazione.

Un esempio perfetto del mondo superiore ci viene offerto dalla mitologia greca. I greci credevano che gli dei vivessero sul monte Olimpo la cui cima ha la particolarità di essere perennemente avvolta dalle nuvole. Effettivamente, in quasi tutte le culture sciamaniche il viaggio nel mondo superiore prevede l'attraversamento di una coltre di nubi che delimita il confine tra i due mondi. È molto probabile che anche nell'antica Grecia i sacerdoti accedessero a uno stato di trance attraverso la preghiera o la meditazione, compiendo una sorta di viaggio sciamanico per incontrare le loro divinità.

Il mondo superiore è la dimora dei Maestri Spirituali, ovvero le guide che operano solo per il nostro bene supremo. Interagire con queste entità permette allo sciamano di ampliare la sua visione e scoprire come superare le prove che la vita gli sottopone, comprendendo l'insegnamento che si cela dietro le difficoltà.

Capitolo 4

SPIRITI AIUTANTI

La maggior parte delle persone crede che gli sciamani siano persone dotate di un potere sovrannaturale che permette loro di effettuare guarigioni, modificare il clima atmosferico e prevedere il futuro. In realtà non sono gli sciamani a possedere queste abilità ma i loro spiriti aiutanti. Senza l'aiuto dei loro alleati gli sciamani non potrebbero in alcun modo svolgere le loro funzioni. Per questo motivo chi si avvicina a questa pratica non dovrebbe mai vantarsi dei successi ottenuti, né tanto meno prendersene il merito. Quando uno sciamano cede al proprio ego, vantandosi delle sue abilità, gli spiriti lo abbandonano per un lungo periodo, a volte anche per tutta la vita, privandolo così del suo potere. Questo avviene perché l'umiltà è un requisito fondamentale per ricevere il sostegno e la benevolenza degli alleati. Uno sciamano saggio sa di essere solo uno strumento che permette alle proprie guide di manifestarsi ed è consapevole che senza il loro aiuto non potrebbe in alcun modo svolgere le sue funzioni. Per questo motivo tutte le persone sono potenzialmente degli sciamani, perché ognuno di noi può imparare a viaggiare nei mondi invisibili e a interagire con le proprie guide spirituali. Eppure, nonostante lo sciamanesimo sia una pratica antichissima che è sopravvissuta fino ai giorni nostri, sono pochissime le persone che intraprendono questo percorso spirituale. L'uomo che decide di seguire la via sciamanica solitamente riceve una chiamata che riconosce nel profondo dell'anima.

In molte culture, come nello sciamanesimo andino e in quello siberiano, si diventava sciamani per discendenza, ovvero si eredita questo ruolo da un genitore. In altri casi un membro della comunità può essere investito del ruolo di sciamano sfuggendo a morte certa o ritornando dal regno dei morti. In molte culture indigene sopravvivere a una malattia mortale, risvegliarsi dal coma o vivere un'esperienza di pre-morte sono considerate iniziazioni sciamaniche. Oltre a questi esempi estremi ci sono anche persone che si avvicinano a questa pratica semplicemente perché ne sono attratte. In ogni caso chi intraprende questa via spirituale deve seguire un lungo apprendistato prima di svolgere le proprie funzioni. Questo avviene prima nella realtà ordinaria, sotto la guida di uno sciamano più anziano, e successivamente nella realtà non ordinaria, dove l'apprendista riceve la conoscenza sciamanica direttamente dai suoi spiriti aiutanti.

L'animale di potere

Secondo la cultura sciamanica, alla nostra nascita ci viene affidato un animale di potere che ha lo scopo di proteggerci, guidarci e aiutarci durante il corso della nostra vita. Questo spirito è strettamente connesso con la nostra energia vitale e influenza in modo decisivo il nostro stato di salute, nonché il nostro potere personale. Secondo gli sciamani del Sud America, la perdita dell'animale di potere può causare ogni tipo di malattia perché rende le persone molto più deboli a livello energetico.

Durante il suo apprendistato ogni sciamano deve vagare nel mondo inferiore alla ricerca del proprio totem. In molti casi l'animale si mostra facilmente e infonde al suo protetto tutto il suo potere spirituale. In altre circostanze la ricerca del totem può risultare più difficoltosa. Il che può dipendere da un allontanamento dello spirito alleato. In questi casi lo sciamano può chiedere l'intervento degli spiriti affinché gli venga donato un altro animale di potere in grado di accompagnarlo lungo il suo percorso. L'aiuto di un totem è fondamentale per esplicare qualsiasi pratica sciamanica e per ristabilire il benessere e l'equilibrio in ogni aspetto della vita.

La razza o il tipo di animale non influenza il potere del suo spirito, ma ha il solo scopo di racchiudere un significato archetipico che può essere decifrato solo dal legittimo proprietario. Gli sciamani che sono protetti da un felino non sono necessariamente più forti di quelli affiancati da un volatile. La forma che assume il totem ha la sola funzione di comunicare il suo potere spirituale. L'interpretazione non deve però avvenire a livello razionale ma va elaborata nell'anima. Chi possiede un coniglio come animale totem potrebbe scoprire che il potere di quest'ultimo è la forza e il coraggio, anche se non è certamente considerato impavido dall'immaginario collettivo. Chi è protetto dallo spirito di un lupo potrebbe scoprire che il suo potere è l'amore incondizionato e la dolcezza, anche se solitamente l'immagine del lupo viene associata alla ferocia.

Molto spesso le persone che iniziano a praticare lo sciamanesimo rimangono deluse nello scoprire che il loro animale di potere non è quello che avrebbero voluto, ma con il tempo comprendono che non potevano ricevere un alleato migliore. Spesso accade che le persone che hanno la fobia dei serpenti o dei coccodrilli scoprano di avere un animale di potere appartenente a tali specie. Questa rivelazione, se pur destabilizzante in un primo momento, agisce come una vera e propria guarigione spirituale, dissolvendo ogni fobia associata all'animale.

Grazie alla trance sciamanica è possibile comunicare con gli spiriti aiutanti e instaurare con loro un rapporto di amicizia che diventa con il tempo sempre più profondo. È possibile che nel corso dei vostri viaggi nei regni invisibili incontriate nuovi animali che vi doneranno diversi poteri sciamanici, ma ricordate che la vostra energia vitale è legata spiritualmente solo al vostro totem primario, ovvero l'animale che per primo si è mostrato a voi.

Secondo la visione sciamanica qualsiasi malattia ha una sua origine spirituale, pertanto è possibile ricevere dal proprio totem una guarigione in grado di risolvere una problematica fisica o psicologica. Agendo sull'aspetto energetico della malattia la si può far sparire completamente. Queste guarigioni possono richiedere uno o più viaggi sciamanici, in base alla gravità del problema e al vostro attaccamento inconscio alla «malattia». In ogni caso, perché la guarigione abbia successo è importante abbandonarsi completamente al proprio spirito aiutante e lasciarlo lavorare su di voi, anche se quello che fa può sembrarvi insensato o ripugnante. Un esempio calzante presente in varie culture sciamaniche è la guarigione per smembramento. In questi casi l'animale di potere agisce sul corpo fisico dilaniandolo e smembrandolo per poi ricostruirlo di luce divina. Questa esperienza estatica simboleggia la morte e la rinascita dello sciamano e rappresenta una vera e propria iniziazione spirituale.

L'animale di potere, oltre ad essere un prezioso strumento di guarigione, è anche una fonte inesauribile di conoscenza. Nella foresta amazzonica gli sciamani da sempre interpellano i propri totem per conoscere le proprietà della piante e per trovare le erbe medicinali in grado di curare le varie malattie. Grazie a questa assidua ricerca nei regni invisibili oggi abbiamo a disposizione una vasta conoscenza sui principi attivi delle piante e sul loro impiego a scopo medicinale. Purtroppo la scienza non da il giusto merito al contributo che gli sciamani hanno dato alla farmacologia. Anche se al giorno d'oggi i principi attivi delle piante vengono creati chimicamente in laboratorio, la loro scoperta ha avuto origine principalmente nella foresta amazzonica.

Alla luce di queste informazioni potete intuire quanto sia utile ristabilire il contatto con il proprio animale di potere. Riconnettervi al vostro totem vi permetterà di amplificare la vostra energia personale e di attingere allo sconfinato potere dello spirito. Questo ricongiungimento spirituale vi cambierà profondamente portandovi a discernere con estrema naturalezza ciò che è bene per voi da ciò che non lo è. Non sarete più dei burattini manipolati dalla società e dai mass media poiché avrete a disposizione una bussala interiore in grado di guidarvi in ogni situazione. L'animale di potere vi insegnerà l'arte dell'ascolto interiore. Questa abilità vi permetterà di trovare la conoscenza dentro di voi portandovi a riappropriarvi di un potere divino che fino ad oggi avete ignorato.

Il maestro spirituale

I maestri spirituali sono spiriti compassionevoli che abitano il mondo superiore. Queste guide possono offrirci preziose informazioni riguardanti il percorso della nostra anima. I maestri spirituali ci spingono a superare i nostri limiti e a sciogliere i blocchi che ci impediscono di evolvere spiritualmente. Come ho già accennato in precedenza queste entità possono apparire come divinità religiose, come Gesù, la Vergine Maria, Shiva, Buddha, Iside ecc., oppure come filosofi, sciamani, sacerdoti, poeti o saggi. I maestri agiscono sempre per il nostro bene supremo e hanno il compito di aiutarci ad acquisire la consapevolezza della nostra missione nel mondo. Secondo la cultura sciamanica ogni uomo si incarna con un compito ben preciso. Individuare la propria missione è fondamentale per riuscire a realizzare a pieno il proprio potenziale e per vivere una vita felice e gratificante. Purtroppo, a causa dei condizionamenti che tutti noi subiamo fin dalla nascita, perdiamo la naturale capacità di riconoscere la nostra missione. Questo ci porta a brancolare nel buio e a covare nel nostro animo un senso di perenne insoddisfazione che condiziona negativamente tutta la nostra esistenza. Chi non esprime i propri talenti vive una vita a metà e si ritrova a invecchiare con la sensazione di aver sprecato i propri anni. Per individuare la nostra missione nel mondo basta seguire il cuore e fare ciò che ci rende davvero felici. Se facessimo ogni scelta seguendo queste semplici regole la nostra vita sarebbe molto più semplice. Purtroppo il più delle volte ci lasciamo fuorviare dalla logica basata su concetti sterili come le statistiche e il calcolo delle probabilità. Scegliamo strade già battute per paura di fallire o di essere giudicati dal prossimo. Lasciamo che siano la famiglia, la società o il buonsenso a decidere ciò che è giusto per noi e in questo modo ci allontaniamo sempre di più dalla nostra natura divina.

Il maestro spirituale ha il compito di farci prendere consapevolezza della nostra missione e ci aiuta a trovare la giusta via. La Divina Commedia comincia proprio con questi versi: «Nel mezzo del cammin di nostra vita mi ritrovai per una selva oscura, ché la diritta via era smarrita...». Ho sempre pensato che l'opera di Dante sia un vero e proprio viaggio sciamanico. La selva oscura rappresenta il tunnel che conduce il poeta nei regni invisibili, rappresentati come inferno, purgatorio e paradiso. Durante tutta la durata del viaggio Dante viene accompagnato da un maestro, Virgilio, che lo aiuta a raggiungere l'illuminazione spirituale e ad accedere alle più alte sfere celesti. La Divina Commedia viene ancora oggi studiata da letterati, filosofi e teologi ed è considerata uno dei testi cardine della letteratura italiana. L'opera è forse l'unica a descrivere in modo così accurato il viaggio sciamanico nei tre regni invisibili. Nonostante riporti delle evidenti influenze cattoliche, la Divina Commedia introduce il lettore al concetto di percorso dell'anima e svela l'importanza del maestro spirituale lungo questo cammino.

Ogni sciamano ha bisogno di un maestro per riuscire a vedere oltre i limiti dell'ego ed acquisire così una visione molto più ampia. I maestri hanno il nobile compito di illuminare la nostra via, portandoci alla completa realizzazione del Sé. Grazie al loro aiuto possiamo comprendere il messaggio che si cela dietro ogni difficoltà e scoprire come superarla.

I maestri spirituali possono anche compiere guarigioni spirituali, pertanto è possibile chiedere il loro aiuto in caso di malattia. Questi alleati agiscono sul nostro campo energetico per ristabilire l'armonia. Il loro strumento di guarigione è la luce divina che cambia di colore e intensità in base al problema da trattare. Durante un viaggio sciamanico è quindi possibile vedere il proprio maestro spirituale che agisce sul nostro corpo inondandolo di pura luce. Questo tipo di esperienza è particolarmente piacevole ed è spesso accompagnata da una sensazione di calore. In alcuni casi i maestri utilizzano cristalli o simboli che inseriscono in una o più parti del corpo per guarirlo. Questi «impianti» hanno un forte effetto curativo e protettivo. Molti sperimentano spontaneamente questo tipo di guarigione durante il sonno e al risveglio ne conservano un ricordo talmente vivido che si convincono di aver vissuto un'esperienza di rapimento da parte degli alieni. Non è un caso che le testimonianze di *abduction* descrivano strani interventi chirurgici e l'inserimento di impianti all'interno del corpo umano. Queste guarigioni spirituali sono documentate in quasi tutte le culture sciamaniche, a dimostrazione della loro ampia diffusione. Ovviamente l'uomo occidentale non ha le nozioni necessarie per decifrare queste esperienze estatiche e questo lo porta a distorcere il loro reale significato.

Capitolo 5

IL VIAGGIO SCIAMANICO

Procedura iniziale

Ora che possedete le nozioni necessarie per effettuare il viaggio sciamanico potete sperimentare questa esperienza estatica personalmente.

Prima di cominciare un qualsiasi viaggio sciamanico, sia esso nel mondo inferiore, superiore o intermedio, dovete essere sicuri di non venire disturbati per tutta la sua durata (circa mezz'ora di tempo). Se volete potete accendere una candela e dell'incenso. Abbassate le luci e mettetevi distesi o comodamente seduti. Utilizzate un foulard o una mascherina per bendarvi gli occhi; questo accorgimento vi aiuterà ad estraniarvi dalla realtà ordinaria. Quando vi sentite pronti iniziate ad ascoltare il suono del tambureggiamento che avete scelto. Vi consiglio di utilizzare delle cuffie in modo da essere totalmente avvolti dal suono, questo vi aiuterà ad accedere a uno stato alterato di coscienza con maggior facilità. Quando avrete acquisito una certa pratica nel compiere il viaggio sciamanico potrete decidere di acquistare un tamburo e suonarlo personalmente.

La prima cosa che dovete fare è respirare profondamente, gonfiando l'addome. Concentratevi sul respiro e sul suono del tamburo. Concedetevi tutto il tempo necessario per rilassarvi e svuotare la mente da pensieri e preoccupazioni. Quando vi sentite completamente rilassati ripetete per tre volte l'intento del viaggio, (per esempio: «Voglio incontrare e conoscere il mio animale di potere»).

Ora siete pronti per cominciare il vostro viaggio.

Il viaggio sciamanico nel mondo inferiore

Per raggiungere il mondo inferiore è fondamentale scegliere come prima cosa il vostro punto di partenza, detto *luogo di potere* o *giardino sacro*. L'ambientazione scelta deve essere presente in natura e realmente esistente nella realtà ordinaria, (per esempio una foresta, una spiaggia o un parco). Vi consiglio di optare per un luogo di potere che vi piaccia particolarmente, un posto legato a dei bei ricordi o a un periodo felice della vostra vita. Questo accorgimento vi permetterà di partire per il vostro viaggio con uno stato d'animo positivo. Dopo aver scelto il vostro giardino sacro seguite la procedure iniziale descritta nel paragrafo precedente. Come prima cosa concedetevi del tempo per abitare il luogo di partenza utilizzando la vostra immaginazione. Cercate di percepire la temperatura dell'aria, guardate il cielo per capire se è giorno o notte, ponete attenzione ai suoni, ai rumori e allo scenario intorno a voi. Quando vi sentirete totalmente presenti nel vostro giardino sacro andate alla ricerca di un portale in grado di condurvi nel mondo inferiore. Il portale può essere una caverna, un pozzo, il cratere di un vulcano, una cavità tra le radici di un albero... Qualsiasi passaggio che può condurvi nelle profondità della terra andrà bene. Non è necessario che il portale sia reale. Se nel vostro luogo di potere non è presente alcun passaggio che vi porti nel grembo di Madre Terra potete crearlo voi sul momento, magari scavando una semplice buca nel terreno. Dato che il viaggio sciamanico avviene a livello spirituale, potete scegliere come tunnel di passaggio anche un cunicolo molto stretto, come un formicaio presente nel vostro giardino o la tana di una talpa. Altri luoghi d'accesso funzionali possono essere un lago o una spiaggia dove è possibile immergersi nelle acque e nuotare in profondità alla ricerca di un tunnel che vi porti a destinazione.

Gli sciamani delle popolazioni Pueblo, nel Sud-Ovest degli Stati Uniti, utilizzano una precisa fenditura presente nel Gran Canyon come via d'accesso al mondo inferiore. Nello sciamanesimo andino si predilige l'utilizzo di una caverna, magari situata alla base di una montagna sacra.

Se scegliete come tunnel di passaggio il cratere di un vulcano molto probabilmente giungerete nel mondo inferiore sprofondando nel vuoto. Se utilizzate una grotta invece dovrete camminare a lungo prima di arrivare a destinazione. Non c'è un metodo giusto o sbagliato per effettuare il passaggio da una dimensione all'altra, quello che sperimenterete sarà adatto al vostro sentire. In ogni caso è importante non fermarsi lungo il tragitto perché, finché non arrivate nel mondo inferiore, siete ancora nella realtà non ordinaria del mondo di mezzo, dimensione non del tutto sicura da esplorare. Lungo questo percorso è possibile vedere delle entità che possono mostrarsi come ombre, sagome, insetti o rettili. Non prestate loro attenzione e proseguite fino ad arrivare a destinazione.

Una volta arrivati nel mondo inferiore osservate lo scenario che vi si mostra davanti e ampliate le vostre percezioni cercando di utilizzare i vostri sensi. Fate attenzione ai suoni, ai profumi, ai rumori e alle sensazioni che provate abitando questo regno, dopodiché cominciate ad esplorarlo. Potreste seguire un sentiero o farvi guidare dall'istinto. È molto probabile che durante il vostro tragitto incontrerete degli animali o degli spiriti compassionevoli dall'aspetto umano; se ciò dovesse accadere non interagite con loro perché l'intento di questo primo viaggio è solo quello di esplorare il mondo inferiore. Se uno spirito si mostra particolarmente insistente allora potete fare un'eccezione e relazionarvi con lui per scoprire se ha un messaggio per voi. Ricordatevi che in questa dimensione siete totalmente protetti. Qualsiasi cosa accadrà non potrà in alcun modo nuocervi. Se durante il viaggio sciamanico vedete o sperimentate qualcosa che vi spaventa nulla vi impedisce di concludere l'esperienza tornando nel vostro giardino sacro. Quando viaggiate siete voi ad avere il controllo, non dimenticatelo.

Potete concludere il vostro viaggio quando siete soddisfatti dell'esperienza vissuta, oppure se vi sentite troppo stanchi per continuare. Per interrompere la trance vi basterà tornate indietro ripercorrendo il percorso a ritroso fino a tornare nel vostro luogo di potere. Una volta tornati al punto di partenza potete aprire gli occhi e tornare alla realtà ordinaria. Se utilizzate una CD audio la durata del vostro viaggio sarà condizionata dalla lunghezza della traccia scelta. Solitamente in ogni brano è presente un richiamo che permette all'ascoltatore di capire che la traccia sta per concludersi ed è quindi giunto il momento di tornare indietro. Il richiamo è contraddistinto da quattro sessioni di sette colpi di tamburo intervallati da una breve pausa. Una volta concluso il richiamo segue un tambureggiamento molto veloce che aiuta lo sciamano a ripercorrere il suo tragitto a ritroso, fino a tornare al punto di partenza.

È importante precisare che non tutti hanno una percezione visiva del viaggio sciamanico, ci sono persone che sono orientate sui suoni, mentre altre sperimentano la trance attraverso le sensazioni. La nostra società è continuamente bombardata da immagini. Passiamo gran parte della nostra giornata davanti a uno schermo, di un computer, di uno smartphone o di un televisore. Questo porta molte persone che intraprendono la via sciamanica a credere che le loro visioni, per essere considerate autentiche, debbano essere nitide come quelle di un film. In realtà lo sciamano vede con il cuore poiché i regni invisibili non hanno una forma materiale come noi la intendiamo. Il mondo dello spirito si mostra in base al nostro sentire e le immagini sono solo una traduzione simultanea del nostro cervello di ciò che percepisce il nostro cuore. Non scoraggiatevi quindi se inizialmente l'aspetto visivo del vostro viaggio risulta nebuloso. Può essere che il vostro senso predominante nella realtà non ordinaria non sia la vista ma l'udito, l'olfatto oppure il tatto. Con la pratica imparerete a decifrare le vostre percezioni creando delle immagini sempre più definite ma questa abilità non è essenziale ai fini del viaggio.

C'è una favola che descrive perfettamente il viaggio nel mondo inferiore ed è *Alice nel Paese delle Meraviglie*. Nella fiaba, Alice scorge il Bianconiglio (animale di potere) nella realtà ordinaria e gli corre dietro incuriosita dal suo aspetto bizzarro. Il coniglio si insinua in una buca situata sotto le radici di un albero e la bambina lo segue ritrovandosi in un tunnel che la conduce nel Paese delle Meraviglie (mondo inferiore). È interessante notare che i miti e le fiabe utilizzano un linguaggio che parla dritto all'anima rivelando spesso pratiche sciamaniche presenti in molte culture native.

Incontro con l'animale di potere

Ora che avete esplorato il mondo inferiore potete proseguire il vostro apprendistato andando alla ricerca del vostro animale di potere. Conoscere il proprio totem è essenziale per effettuare qualsiasi pratica sciamanica. Come ho già spiegato in precedenza l'animale di potere è uno spirito alleato molto importante che ci viene assegnato fin dalla nascita per proteggerci, guidarci e aiutarci lungo il cammino della nostra vita. Questo spirito aiutante è anche in grado di effettuare delle guarigioni spirituali per noi e per gli altri. Conoscere l'animale di potere vi porterà ad acquisire consapevolezza del vostro potere spirituale e a capire come utilizzarlo.

Per procedere nella ricerca seguite la procedura iniziale e visualizzatevi nel vostro luogo di potere, ripetendo dentro di voi per tre volte l'intento di voler incontrare e conoscere il vostro animale totem. Quando vi sentite pronti, attraversate il vostro portale fino a raggiungere il mondo inferiore. Una volta arrivati a destinazione guardatevi intorno. Molto spesso l'animale di potere si presenta davanti all'uscita del varco seguendo il richiamo del nostro intento. Se ciò dovesse accadere osservate con attenzione il tipo di animale che avete di fronte o, se non siete particolarmente inclini alle visioni, provate a percepirne le sembianze con il vostro intuito. Il fatto che un animale si presenti all'uscita del tunnel fa presumere che si tratti del vostro totem, ma vi consiglio di chiedere conferma direttamente allo spirito. Nel caso in cui la sua risposta sia negativa chiedetegli se può condurvi dal vostro animale di potere. È probabile che il compito dell'entità sia di accompagnarvi dal vostro totem, ma se dovesse negarvi il suo aiuto non scoraggiatevi e proseguite da soli la vostra ricerca. Un animale può anche non rispondervi, mettendovi così in difficoltà, ma potete ricevere una risposta dal suo atteggiamento. Gli animali e gli spiriti del mondo inferiore possono comunicare con voi in svariati modi: verbalmente, telepaticamente, oppure attraverso i gesti, le immagini o i simboli. Se un animale compare e scompare più volte di fronte a voi significa che si tratta del vostro spirito aiutante. Durante queste apparizioni vi può capitare di vedere anche solo un dettaglio dell'animale, come la zampa, un occhio o la coda. Un altro modo che può utilizzare il vostro totem per farsi riconoscere può essere quello di leccarvi o inchinarsi ai vostri piedi.

Se avete delle difficoltà a trovare il vostro animale di potere continuate a ripetere l'intento dentro di voi, come un mantra. Questo metodo aiuta a focalizzare le energie e a sbloccare le situazioni apparentemente in stallo.

Quando finalmente incontrerete il vostro spirito totemico vi consiglio di fargli le seguenti domande:

- Come ti chiami?
- Qual è il tuo potere?
- Che messaggio hai per me?

Potete chiedergli moltissime altre cose, ma ritengo che queste tre domande siano essenziali.

Rimanete a parlare con il vostro animale per tutto il tempo che desiderate, dopodiché ringraziatelo per essersi mostrato a voi e tornate indietro.

Vi consiglio di scrivere sul vostro diario l'esperienza vissuta, in modo da non dimenticare ciò che avete sperimentato. I viaggi sciamanici, così come i sogni, si dimenticano facilmente ed è per questo che è importante riportarli in forma scritta. Questa consuetudine è anche un modo per onorare gli spiriti per l'aiuto che ci hanno concesso durante il viaggio.

A volte può accadere che i nostri spiriti aiutanti ci facciano vivere delle esperienze molto forti da un punto di vista emotivo, come per esempio cadere nel vuoto o venire smembrati. In molti casi si tratta di una guarigione spirituale che ha la funzione di liberarci dal nostro ego per accelerare l'evoluzione dell'anima. In particolare la guarigione per smembramento è presente in quasi tutte le culture sciamaniche e viene considerata un'iniziazione molto importante. Se non si conosce il significato e la valenza di questa esperienza estatica è normale rimanerne turbati, mi sento quindi in dovere di sottolineare che a volte il modo in cui operano i nostri spiriti aiutanti non sempre è comprensibile a livello razionale. Ai fini della guarigione sciamanica capire non è utile, è sentire ciò che permette al miracolo di manifestarsi, quindi la cosa migliore da fare è affidarci completamente alle nostre guide.

Il viaggio sciamanico nel mondo superiore

La letteratura fiabesca è colma di metafore sciamaniche che descrivono il viaggio nel mondo superiore. Nella favola *Il Mago di Oz*, Dorothy viene trasportata da un tornado in un regno fantastico dove incontra degli spiriti alleati che l'aiutano durante la sua permanenza (l'uomo di latta, lo spaventapasseri e il leone). Un'altro esempio è la fiaba *Jack e il fagiolo magico*, dove il protagonista trova un'enorme pianta di fagiolo nel bel mezzo di un bosco e, spinto dalla curiosità, si arrampica sull'arbusto fino a raggiungere una nuova dimensione.

Prima di cominciare il vostro viaggio nel mondo superiore utilizzate la consueta procedura iniziale descritta all'inizio del capitolo. Anche in questo caso è essenziale scegliere un luogo di potere come punto di partenza. L'ambientazione può essere la stessa che utilizzate per recarvi nel mondo inferiore oppure completamente diversa. La prerogativa essenziale è che il luogo di potere sia realmente esistente nella realtà ordinaria e che susciti in voi delle emozioni positive. Come abbiamo visto in precedenza, il modo migliore per cominciare il viaggio sciamanico è abitare il posto che avete scelto utilizzando l'immaginazione sensoriale. Cercate quindi di visualizzare in ogni dettaglio lo scenario intorno a voi, ponete attenzione ai suoni, agli odori, ai rumori e a tutto ciò che vi circonda. Quando vi sentite totalmente presenti cominciate la vostra ascesa al mondo superiore utilizzando un mezzo in grado di darvi uno sbocco verso l'alto. Se nel vostro luogo di potere è presente un albero potete arrampicarvici sopra fino ad arrivare a destinazione. Se invece vi trovate ai piedi di una montagna potete scalarla con la stessa finalità. In alternativa potete utilizzare l'immaginazione per creare il portale più adatto al vostro sentire. Molti visualizzano una scala a chiocciola, altri una fune che scende dal cielo, altri ancora si lasciano trasportare nel mondo superiore da una tromba d'aria.

Molte persone che vivono nelle grandi città si sentono più a loro agio a scegliere come luogo di potere un grattacielo, oppure la canna fumaria del loro camino. Altri ancora scelgono come mezzo di trasporto un ascensore. Anche se personalmente ritengo che un luogo presente in natura sia più efficace ai fini del viaggio, nulla toglie che possiate optare anche per ambientazioni più urbane e tecnologiche. Lo scopo del luogo di potere è di condurvi a destinazione, quindi scegliete quello che sentite più adatto a voi.

Un portale per il mondo superiore utilizzato in svariate culture sciamaniche è l'arcobaleno. Gli sciamani percorrono le luminose scie colorate dell'arcobaleno fino ad arrivare a destinazione. Se decidete di optare per questo meraviglioso portale ricordate che l'arcobaleno deve appartenere alla realtà ordinaria, quindi dovrete averlo già visto realmente.

Durante la vostra ascesa alla dimensione superiore attraverserete un varco che divide i due mondi. Questa demarcazione si mostra solitamente come uno strato di nuvole o una coltre di nebbia, ma è possibile percepirla anche in modo diverso. Alcuni sciamani hanno la sensazione di attraversare una membrana sottile o un velo di carta, altri sentono un suono che li avvisa di essere arrivati a destinazione, anche in questo caso l'esperienza è personale. Se mentre salite vi trovate tra le stelle e i pianeti proseguite il viaggio perché non siete ancora arrivati. Tutto ciò che è visibile dall'uomo (la luna, il sole, le galassie ecc.) fa parte del mondo di mezzo.

Una volta arrivati a destinazione esplorate la dimensione superiore utilizzando tutti i vostri sensi. Osservate lo scenario intorno a voi, i colori, l'atmosfera, la «consistenza» del luogo... Fate attenzione ai suoni, ai profumi e alle sensazioni che attraversano il vostro animo.

Il mondo superiore è composto da più livelli. Ogni livello è generalmente suddiviso da una coltre di nuvole che ne demarca il confine. Una volta esplorata la prima dimensione si può continuare ad ascendere per accedere al piano successivo. È probabile che lo scenario cambi completamente, così come la nitidezza dei colori e la luce. Con la pratica incontrerete vari maestri spirituali, ognuno dei quali abiterà in un livello specifico. È bene cercare di memorizzare la collocazione dimensionale di ogni maestro in modo da poterli raggiungere con facilità quando dovremmo comunicare con loro.

Il numero dei livelli del mondo superiore varia da cultura a cultura, pertanto sentitevi liberi di farvi una vostra idea attraverso la rivelazione diretta.

In questo primo viaggio limitatevi ad esplorare questo regno e fermatevi quando vi sentite stanchi o sentite di aver ricevuto abbastanza informazioni. Con la pratica avrete modo di ampliare la vostra conoscenza dei mondi invisibili, perciò non abbiate fretta. Quando siete soddisfatti del vostro viaggio tornate indietro ripercorrendo il tragitto a ritroso. Una volta tornati nel vostro luogo di potere potrete aprire gli occhi e tornare alla realtà ordinaria.

Incontro con il maestro spirituale

Una volta esplorato il mondo superiore, potete effettuare un viaggio sciamanico in questa dimensione per scoprire chi è il vostro maestro spirituale. Ritornate nel mondo superiore utilizzando la procedura descritta nel paragrafo precedente e, una volta arrivati a destinazione, ripetete per tre volte l'intento del vostro viaggio, ovvero incontrare e conoscere il vostro spirito guida. Può essere che il maestro spirituale si mostri spontaneamente, oppure che dobbiate andare alla sua ricerca, esplorando i vari livelli. Non abbiate fretta e non scoraggiatevi se inizialmente riscontrate delle difficoltà.

Quando riuscirete a entrare in contatto con il vostro spirito guida potrete chiedergli tutto quello che desiderate, ma vi consiglio di non tralasciare le tre domande fondamentali:

- Come ti chiami?
- Qual é il tuo potere?
- Che messaggio hai da darmi?

Attraverso la pratica sciamanica il vostro rapporto con il maestro spirituale diventerà sempre più profondo. Grazie all'aiuto che riceverete imparerete a fidarvi ciecamente di lui. Con il tempo riuscirete a decifrare i suoi rituali di guarigione e il suo modo di comunicare. Come gli animali di potere anche i maestri spirituali possono interagire con voi attraverso simboli, metafore o facendovi sperimentare delle esperienze emotivamente coinvolgenti. Inizialmente i loro interventi possono risultare misteriosi, se non addirittura criptici. Non pretendete di capire subito tutto ciò che vivete nei vostri viaggi sciamanici. Esattamente come avviene nello studio delle lingue occorre tempo, impegno e dedizione per riuscire a comprendere un nuovo linguaggio. Dovrete fare molta pratica prima di iniziare a percepire i regni invisibili come un territorio familiare, pertanto i vostri primi viaggi avranno la funzione di farvi maturare una certa esperienza, fondamentale per proseguire nel vostro apprendistato.

La fusione sciamanica

Una pratica che gli sciamani molto spesso utilizzano per compiere i loro rituali e le loro guarigioni è la fusione con i propri spiriti aiutanti. La fusione permette a chi la sperimenta di portare il proprio spirito aiutante nella realtà ordinaria e ricevere così aiuto e protezione durante lo svolgimento delle pratiche spirituali. Lo sciamano, quindi, non è altro che un tramite che incorpora lo spirito dentro di sé per permettergli di esercitare il suo potere divino.

Per sperimentare la fusione con il vostro animale di potere dovete come prima cosa compiere un viaggio nel mondo inferiore, andare alla ricerca del vostro spirito aiutante e chiedergli di fondersi con voi. L'esperienza è molto intensa e potente. Quando sentirete lo spirito entrare dentro di voi, verrete travolti da un senso di forza e vitalità che attraverserà tutto il vostro corpo. Inoltre proverete la sensazione unica di trasformarvi nel vostro animale. Se per esempio il vostro spirito aiutante è un orso, avvertirete la sua folta e calda pelliccia sulla pelle, sentirete la necessità di muovervi e perfino di bramire esattamente come un vero orso. Una volta completata l'esperienza, chiedete al vostro animale di separarsi da voi, dopodiché ringraziatelo per il privilegio che vi ha concesso e tornate indietro.

Nel momento in cui siete fusi con l'animale di potere abitate contemporaneamente due dimensioni: il mondo inferiore e la realtà ordinaria, questo perché non è più solo il vostro spirito a fare esperienza del viaggio sciamanico ma anche il vostro corpo. La fusione consente agli sciamani di poter utilizzare il potere divino dei loro spiriti aiutanti nella realtà ordinaria, cosa che non sarebbe possibile in altro modo.

Lo stesso procedimento può essere usato per fondersi con il maestro spirituale, l'unica differenza è che dovrete recarvi nel mondo superiore. Anche in questo caso avvertirete un cambiamento fisico che influenzerà la vostra postura, l'espressione del viso e perfino il timbro della vostra voce.

Al di là dell'aspetto folcloristico della fusione, il senso di questa pratica è di incanalare il potere dello spirito per compiere guarigioni sciamaniche, come l'estrazione di energie parassitarie, il recupero dell'anima e la depossessione.

Dato che la guarigione sciamanica non è oggetto di questo libro, vi invito a sperimentare la fusione solo come esperienza personale.

Viaggio nel mondo di mezzo

Il modo di mezzo non è altro che la nostra realtà ordinaria vista con occhio spirituale. Viaggiando in questa dimensione è possibile incontrare gli spiriti dei defunti, gli spiriti dei luoghi, degli elementi e delle direzioni. Come ho spiegato in precedenza, le entità del mondo di mezzo sono in prevalenza neutre, ovvero né buone né cattive ed è proprio per questa peculiarità che tale dimensione è la più complessa tra i regni invisibili. Lo sciamano può utilizzare il potere degli spiriti del mondo di mezzo per portare a compimento i suoi intenti attraverso l'utilizzo di offerte e adulazioni.

Lo Sciamanesimo dei nativi americani esplica le proprie pratiche quasi esclusivamente nel mondo di mezzo, utilizzando le forze degli spiriti della natura, degli elementi e delle direzioni. Sebbene non penso ci sia niente di moralmente sbagliato in queste pratiche, la mia esperienza diretta mi porta a consigliarvi di iniziare a esplorare questa dimensione solo quando avrete maturato una certa abilità nel viaggiare nel mondo inferiore e in quello superiore.

Prima di esplorare il mondo di mezzo è buona norma recarsi nel mondo inferiore e fondersi con il proprio animale di potere. Questo rituale vi garantirà una protezione adeguata, rendendovi immuni da attacchi delle entità parassitarie o degli spiriti sofferenti. Solo quando sarete un tutt'uno con il vostro animale totem, potrete iniziare il viaggio nel mondo di mezzo, ma ricordatevi di avere sempre un intento ben preciso per ogni vostro viaggio.

Molti sciamani esplorano questa dimensione per liberare gli ambienti da energie nocive, accompagnare le anime dei defunti verso la luce o per ritrovare oggetti smarriti.

Queste pratiche richiedono una preparazione adeguata, pertanto, per il momento, limitatevi a esplorare il mondo di mezzo per scoprire se siete protetti da uno spirito semi-compassionevole che ha deciso di aiutarvi e di guidarvi durante la vostra esperienza terrena. Lo spirito in questione può essere un antenato che veglia sulla sua discendenza, generazione dopo generazione, oppure può trattarsi dello spirito di una persona con cui avete avuto un rapporto molto profondo in una vita precedente.

Per effettuare il viaggio nel mondo di mezzo, partite dalla procedura iniziale, utilizzate una respirazione lenta e profonda, concentrandovi sul suono del tamburo. Quando vi sentite pronti recatevi nel mondo inferiore partendo dal vostro luogo di potere. Una volta giunti a destinazione andate dal vostro animale totem e domandategli se nel mondo di mezzo siete protetti da uno spirito che veglia su di voi. Se la risposta è negativa ringraziate il vostro alleato e tornate indietro per concludere il viaggio. Se invece la risposta è positiva, fondetevi con il vostro totem e chiedetegli di condurvi dal vostro spirito protettore. Molto probabilmente l'animale di potere vi condurrà nel mondo di mezzo, un luogo a voi familiare, ma l'incontro potrebbe avvenire anche in un'altra dimensione. Una volta giunti a destinazione guardatevi intorno, cercando di scorgere il vostro spirito protettore. Se non notate alcuna presenza nelle vicinanze andate alla ricerca dell'entità semi-compassionevole facendovi guidare dal vostro animale totem, ripetendo con fermezza il vostro l'intento. Quando incontrerete uno spirito dalle sembianze umane, chiedetegli se è lui il vostro protettore. Se la risposta è negativa ringraziate l'entità e andate oltre. Se la risposta è affermativa chiedete conferma al vostro animale di potere. Una volta che sarete certi di essere al cospetto del vostro spirito semi-compassionevole fate attenzione al suo aspetto e al suo vestiario per capire in quale epoca ha vissuto. Potrebbe essere un'anima antica che si è incarnata centinai di anni prima di voi, oppure può trattarsi di un lontano parente che ha scelto di prendersi cura della sua discendenza. Chiedetegli come si chiama, qual è la sua storia e perché ha scelto di proteggervi. L'entità vi può fornire moltissime informazioni utili sulla storia della vostra famiglia. Con il tempo avrete modo di approfondire il rapporto con lo spirito protettore e lo sentirete vicino anche durante lo stato ordinario di coscienza. Potete fare affidamento allo spirito semi-compassionevole in qualsiasi momento, senza dover necessariamente effettuare un viaggio sciamanico. Ricordatevi che lui, o lei, abita la vostra stessa dimensione ed è quindi possibile chiedere il suo aiuto in qualsiasi circostanza. È di fondamentale importanza che ogni richiesta che farete allo spirito protettore riguardi solo voi. Non chiedetegli per nessuna ragione di nuocere a qualcuno o di influenzare il volere degli altri. È possibile che l'entità non si faccia alcuno scrupolo a danneggiare il prossimo e che accolga le vostre richieste scellerate. Anche se inizialmente potrete avere dei vantaggi, molto presto pagherete a caro prezzo le vostre richieste. Chiunque utilizzi la pratica sciamanica per scopi malvagi o con l'intento di manipolare gli altri è destinato a perdere il suo potere personale con pesanti ripercussioni anche sulla sua salute fisica.

Capitolo 6

LA RUOTA DI MEDICINA

Il cerchio con un un punto o foro al centro è il primo simbolo sacro utilizzato dall'uomo. Un tempo tutto veniva costruito a forma circolare. Pensate alle tende dei nativi americani e alla loro caratteristica forma a cono. Anche le città nell'antichità venivano edificate all'interno di un cerchio il cui perimetro veniva tracciato utilizzando un aratro. Il luogo di aggregazione della città non era altro che una piazza che veniva collocata esattamente al centro del cerchio. Questa usanza è nata dalla naturale attitudine dell'uomo ad osservare la natura che lo accoglie, attitudine che purtroppo stiamo perdendo a causa dello stile di vita urbano. In natura tutto ha una forma circolare: il tronco degli alberi, le corolle dei fiori, la luna, il sole, le stelle ecc. Se ci troviamo su una barca in mezzo all'oceano, possiamo notare che perfino l'orizzonte intorno a noi è circolare e che noi siamo il centro di questo cerchio. Presso il popolo dei Celti, prima di ogni cerimonia o rituale, veniva costruito un cerchio di pietre per onorare gli spiriti delle direzioni e per chiedere il loro aiuto. In tutte le comunità tribali troviamo l'usanza di disporsi in cerchio intorno al fuoco durante le riunioni, i riti o le cerimonie importanti. L'utilizzo del cerchio, o ruota di medicina, è presente anche in molte altre pratiche spirituali. Nella magia la funzione del cerchio è quella di proteggere l'operatore e circoscrivere il suo potere spirituale in modo che l'energia non venga dispersa.

Recentemente è stato scoperto che il campo magnetico della

terra, così come quello del corpo umano e del cuore, ha una forma toroidale, ovvero di ciambella. I nostri antenati non potevano certo avere questo tipo di conoscenza, eppure avevano intuito che il cerchio è un potente simbolo in grado di connetterci con l'energia dell'universo. Il cerchio rappresenta il moto perpetuo, l'infinito, il susseguirsi dei cicli della vita e delle stagioni.

La ruota di medicina viene rappresentata da un cerchio diviso in quattro spicchi identici da una linea orizzontale e da una verticale che si intersecano nel centro esatto del cerchio stesso. Queste linee hanno la funzione di rappresentare le direzioni, ovvero l'est, il sud, l'ovest e il nord. Ogni direzione porta con sé un potere, una visione, una caratteristica, un colore, un simbolo, un elemento, un animale... Potrei andare avanti all'infinito perché infinite sono le informazioni che giungono da ogni direzione. Per spiegarlo nel modo più semplice vi porterò l'esempio della ruota medicina della tribù dei Lakota, con la consapevolezza che la ruota di medicina è presente in moltissime culture sciamaniche e che quella dei Lakota è solo un'interpretazione fra le tante. Nel corso di questo libro vi insegnerò a creare la vostra personale ruota di medicina che potrete utilizzare come strumento di consapevolezza, divinazione, guarigione e conoscenza. Attraverso la simbologia della ruota è possibile vedere il riflesso della mente universale o, per utilizzare una terminologia dei nativi americani, il «cuore del grande spirito».

Secondo la tribù dei Lakota ogni direzione ha un mondo di appartenenza. L'est rappresenta il mondo dello spirito, il sud il mondo delle emozioni, l'ovest il mondo della materia e il nord il mondo dell'Intelletto. Questi regni rappresentano i quattro aspetti fondamentali dell'essere umano. Ogni direzione è governata da un animale totemico che è il custode di un elemento, di una stagione e di una fase della vita dell'uomo.

Partiamo da est. I Lakota hanno attribuito a questa direzione l'elemento fuoco, poiché il sole, simbolo per eccellenza del fuoco, sorge proprio in questa direzione. Tale consapevolezza ci porta istintivamente ad assegnare all'est l'inizio della vita, nonché la primavera, come stagione simbolo della rinascita. L'est è quindi il mondo dello spirito, in quanto è qui che lo spirito si materializza e prende vita nel nostro mondo. I Lakota rappresentano l'est all'interno della ruota con il colore giallo (non a caso il colore del sole). I nativi americani chiamavano l'est «il luogo dalla vista lunga» perché rappresenta il principio di ogni cosa, di un nuovo ciclo, di un progetto, di una vita ecc. Non a caso l'animale totemico associato all'est è l'aquila, un rapace con una vista straordinaria, che vola nel cielo illuminato dalla luce del sole. L'aquila è anche simbolo di libertà, intuizione e lungimiranza.

Precedendo in senso orario ci rivolgiamo a sud, il mondo delle emozioni. Questa direzione è associata all'estate, stagione che segue la primavera. In questa fase dell'anno la natura è al suo massimo sviluppo e l'energia emanata dal sole raggiunge l'apice. Non a caso la fase della vita associata al sud è la giovinezza, il periodo in cui abbiamo il massimo della vitalità, della salute e dell'energia. L'elemento che i Lakota attribuiscono al sud è l'acqua, considerata il nutrimento necessario per far crescere ogni forma di vita. Senza l'acqua la terra diventerebbe arida e priva di vegetazione e ogni essere vivente morirebbe. Le prime forme di vite nel nostro pianeta sono nate nell'acqua, quindi possiamo affermare senza alcun dubbio che l'acqua è il simbolo per eccellenza della vita.

Come fase della vita il sud rappresenta l'adolescenza e la giovinezza e non è un caso che proprio in questo periodo della nostra vita le emozioni si trovino in primo piano. Gli adolescenti in particolare vivono tutto in modo amplificato, facendosi letteralmente travolgere dalle loro emozioni.

Il colore associato al sud è il rosso, colore del sangue, dell'amore e della forza vitale. Se l'est rappresenta il sorgere del sole, il sud è legato al mezzogiorno, il momento in cui il sole raggiunge il punto più alto esprimendo a pieno la sua energia.

L'animale totem del sud è il topo. Anche se a una prima analisi questo animale può sembrare dissonante rispetto alle altre associazioni legate a questa direzione, il topo rappresenta perfettamente il regno delle emozioni, in quanto il suo modo di interagire con il mondo che lo circonda è basato sui sensi (tatto, olfatto ecc.), che codificano la realtà intorno a lui suscitando delle emozioni specifiche (piacere, paura ecc.). Queste emozioni sono fondamentali per la sua sopravvivenza. Se, per esempio, il topo fiuta l'odore di un animale predatore, avvertirà in automatico un'emozione legata alla paura che lo spingerà verso la fuga. Questa dinamica è presente in tutti gli animali, ma nel topo è particolarmente spiccata.

Continuando il percorso lungo la nostra ruota medicina arriviamo ad ovest, il mondo della materia. Questa è la direzione dove il sole tramonta ed è quindi associata per analogia all'autunno, periodo in cui si raccolgono i frutti della terra. Come fase della vita l'ovest è legato alla maturità, il periodo della stabilità, in cui abbiamo realizzato i nostri progetti e possiamo finalmente goderci i frutti del nostro lavoro. L'elemento legato all'ovest è la terra, questo perché, al sorgere del sole (fuoco), il nostro pianeta si trova ad ovest. Anche in questo caso si capisce come la ruota di medicina dei Lakota, sia stata creata dall'osservazione della natura e dei suoi cicli. La terra, come elemento, porta stabilità, concretezza, radicamento e sicurezza. Il colore legato all'ovest è il nero, che rappresenta il buio dove i semi della terra germogliano per diventare fiori, piante, alberi e frutti. È nelle tenebre che la materia prende forma. Anche gli uomini, prima di nascere, crescono e si sviluppano nell'oscurità del grembo materno.

L'animale totemico associato all'ovest è l'orso grizzly, un simbolo di forza, stabilità e grandezza. L'orso è senza dubbio l'animale più adatto per rappresentare la manifestazione fisica della materia.

Concludiamo il nostro viaggio rivolgendoci a nord, il mondo dell'intelletto. Nel nostro pianeta i paesi nordici sono quelli con il clima più rigido e non è un caso che il nord sia associato all'inverno, nonché alla notte, dove le temperature si abbassano per la mancanza della luce solare. Il colore di questa direzione è il bianco, in quanto fenomeni invernali, come la neve e il ghiaccio, sono di questo colore. La fase della vita legata al nord è la vecchiaia, periodo in cui diventiamo canuti e ci prepariamo per il grande sonno in attesa di iniziare un nuovo ciclo. La vecchiaia è anche la rappresentazione archetipica della saggezza e della conoscenza. In ogni cultura sono sempre stati gli anziani a tramandare il sapere alle nuove generazioni, in quanto hanno fatto esperienza diretta di ogni fase della vita. Il nord è quindi il mondo della logica, della saggezza e dell'intelletto.

L'animale totem del nord è il bisonte. Per i nativi americani il bisonte era l'animale più importante perché si donava completamente all'uomo permettendogli di vivere. Così come gli anziani donavano la loro esperienza di vita e la loro conoscenza alle generazioni future, così il bisonte si sacrificava per garantire il sostentamento della comunità.

L'elemento legato al nord è l'aria, simbolo stesso del pensiero in quanto è un elemento impalpabile ma comunque reale. Anche la parola, legata al regno dell'intelletto è spesso associata a questo elemento. Quante volte abbiamo sentito il detto «parole al vento». Questo modo di dire sottolinea l'impossibilità di questo mezzo di comunicazione di rimanere immutato nel tempo a meno che non venga fissato nella materia attraverso la scrittura.

Voglio precisare che la ruota di medicina non ha un inizio e una fine, rappresenta piuttosto un susseguirsi di cicli. La visione occidentale, prettamente lineare, dove la vita inizia con la nascita e finisce con la morte, non si sposa affatto con il moto eterno e continuo della ruota. Vista all'interno della ruota di medicina, la morte rappresenta il passaggio a un altro ciclo.

Così come il sole non muore al tramonto, allo stesso modo l'anima non muore liberandosi dal corpo.

Ruota di medicina della tribù dei Lakota

La ruota di medicina dei Lakota è solo un esempio di moltissime altre ruote presenti in molte culture e religioni (per esempio la ruota taoista). Ogni uomo, in realtà, ha la sua personale ruota di medicina che non deve necessariamente corrispondere a quella appena citata. Nello sciamanesimo celtico, per esempio, gli elementi associati alle direzioni non corrispondono alla visione degli indiani d'America. Questo in prima analisi può destabilizzare ma ci porta a capire che la conoscenza autentica nasce dentro di noi, attraverso la nostra personale sensibilità e percezione.

Chi basa la propria conoscenza solo sulla didattica, senza cercare una rivelazione diretta, non diventerà mai uno sciamano. Credere in qualcosa, solo perché ci viene detto o imposto dagli altri è il modo migliore per rinchiuderci in una gabbia dalla quale non saremo più in grado di uscire.

Lo Sciamanesimo è una pratica che ci mette in contatto con il Divino che è dentro di noi, e questo non può che renderci liberi. Non stupisce quindi che le culture sciamaniche siano state violentemente combattute dalle religioni, perché viste come una pericolosa minaccia al loro intento di controllare le masse.

Per la maggior parte delle persone ricercare la conoscenza dentro di sé è un'impresa impossibile ed è per questo che non tutti possono diventare sciamani. Fin da quando siamo venuti al mondo ci hanno insegnato che la conoscenza la troviamo nei libri e non dentro di noi. È indubbio che questo tipo di educazione ha proiettato l'uomo, ignaro del suo potere interiore, sempre più verso l'esterno.

Se volete attingere allo sconfinato potere della ruota di medicina e renderla uno strumento di conoscenza e guarigione, dovete quindi costruire la vostra personale ruota basandovi solo sulla rivelazione diretta.

Come costruire la propria ruota

Consiglio di iniziare a costruire la propria ruota di medicina partendo da est. Anche se la bussola è orientata a nord, ed è quindi questa la direzione di riferimento, l'est è sempre stata fin dall'antichità la direzione più facile da individuare, per il semplice fatto che il sole sorge in questo punto cardinale. L'est rappresenta l'inizio della giornata ed è quindi questa la direzione a cui bisogna rivolgerci per iniziare qualsiasi progetto.

Utilizzate una bussola per individuare l'est, dopodiché mettetevi comodamente seduti o in piedi, rivolgendovi a oriente. Utilizzate la consueta procedura iniziale e impiegate una traccia di tambureggiamento sciamanico per accedere a uno stato espanso di coscienza. Fate un viaggio nel mondo inferiore per fondervi con il vostro animale di potere, dopodiché chiedetegli di condurvi dallo spirito dell'est. La dimensione abitata dagli spiriti delle direzioni è il mondo di mezzo, pertanto è qui che il vostro animale totem vi condurrà. Il punto fisico in cui avverrà la rivelazione non ha molta importanza: può essere un luogo che conoscete, oppure no.

Se riscontrate delle difficoltà nell'incontrare lo spirito dell'est ripetete con intensità dentro di voi l'intento e affidatevi al vostro animale totem. Una volta che l'entità si sarà manifestata ponete l'attenzione su come si mostra. Che aspetto ha? Ha sembianze umane, angeliche, eteree o animali? Qualunque sia l'archetipo che rappresenta, avrà un significato importante per la vostra anima. La mente razionale non sempre è in grado di comprendere il linguaggio dello spirito. A volte le rivelazioni che riceviamo durante il viaggio sciamanico ci sembrano del tutto insensate, ma vi renderete conto con la pratica che hanno sempre un significato profondo e simbolico.

Una volta identificata l'immagine dello spirito potete rivolgergli tutte le domande che volete, ma è fondamentale che riceviate le informazioni basilari elencate nell'esempio della ruota di medicina dei Lakota. Ogni direzione avrà un elemento abbinato tra aria, acqua, terra e fuoco, quindi chiedete allo spirito dell'est qual è il suo elemento. Ogni direzione avrà un colore ben preciso. Può essere che il vostro spirito dell'est rappresenti il rosso, oppure il celeste o il verde... Sarà lui a rivelarvi il suo colore, quindi rimanete in ascolto abbandonando ogni giudizio.

Il passo successivo sarà individuare quale mondo governa il vostro spirito dell'est. Ogni direzione è sovrana di un regno tra i seguenti:

- mondo dello spirito,
- mondo delle emozioni,
- mondo del corpo / materia,
- mondo dell'intelletto.

Domandate allo spirito dell'est quale di questi regni governa, dopodiché chiedetegli qual è il suo talento principale. Potrebbe essere l'intuizione e la creatività, oppure la saggezza, la vitalità, la guarigione fisica ecc. Anche in questo caso lasciate che sia lo spirito a fornirvi le informazioni che cercate e rimanete neutrali.

Quando avrete ricevuto tutte le informazioni a voi utili ringraziate lo spirito dell'est e congedatevi. Prima di tornare alla realtà ordinaria, chiedete al vostro animale di potere di separarsi da voi, ringraziatelo per il suo prezioso aiuto e lasciatelo tornare nel mondo inferiore. Quando vi sentite pronti, aprite gli occhi e annotate sul vostro diario tutte le informazioni che avete ricevuto da questo viaggio.

L'esperienza appena descritta va ripetuta per tutte le direzioni proseguendo in senso orario. Quindi rivolgetevi a sud, poi a ovest e infine a nord. Non ultimate il viaggio finché non avrete ricevuto da ogni spirito delle direzioni le informazioni sopra elencate. Nulla vieta, se ne sentite l'esigenza, di ampliare il campo delle informazioni. Potete chiedere, per esempio ad ogni direzione qual è la sua nota musicale, qual è la stagione che governa, qual è il suo numero ecc. Ampliate il campo delle informazioni in base al vostro sentire.

Quando avrete ultimato il lavoro vi consiglio di disegnare la vostra ruota di medicina. Fate un cerchio e dividetelo in quattro spicchi uguali. Ogni spicchio rappresenta un punto cardinale e dev'essere colorato del colore indicato dallo spirito della direzione. Se desiderate potete scrivere all'interno del disegno anche le informazioni che avete ricevuto durante il viaggio sciamanico (l'elemento, il potere, il mondo d'appartenenza ecc.). In alternativa trascrivete le informazioni ricevute sul vostro diario sciamanico.

Una volta ricevute tutte le informazioni richieste ai quattro spiriti delle direzioni, avrete una conoscenza preziosa che potrete utilizzare nella vostra vita di tutti i giorni. In ogni momento della giornata potrete rivolgervi a uno dei punti cardinali per attingere al potere di cui avete bisogno. Chi svolge un lavoro che necessita facoltà logistiche e organizzative, dovrebbe posizionare la scrivania rivolgendola verso la direzione che rappresenta per lui il mondo dell'intelletto. Chi invece svolge un lavoro creativo, dovrebbe lavorare orientato verso il mondo dello spirito. Questo è solo uno degli infiniti modi per utilizzare l'antica saggezza dei nativi americani. Un metodo per conciliare il sonno è quello di orientare il letto in modo da avere la testa rivolta verso la direzione più adatta al riposo. Molte persone che hanno seguito i miei corsi di sciamanesimo sono riusciti a risolvere i loro problemi di insonnia semplicemente cambiando la posizione del letto. Chi ha difficoltà a riposare non dovrebbe mai dormire con la testa rivolta verso una direzione che ha come qualità l'energia vitale. Per un buon riposo è importante scegliere una direzione che ci trasmette serenità, silenzio e pace.

La mesa

La *mesa* (termine che in spagnolo significa «tavola») è composta da un semplice telo, di forma rotonda o quadrata, sul quale vengono collocati gli oggetti di potere dello sciamano, come cristalli, erbe sacre, candele, incensi, immagini o statuette degli spiriti alleati. La mesa viene posizionata a terra nello spazio di lavoro (luogo dove si effettua una cerimonia o un viaggio sciamanico) e la sua funzione è quella di richiamare il potere e l'aiuto degli spiriti delle direzioni. Per imbandirla lo sciamano posiziona i simboli degli elementi seguendo lo corrispondenze della sua personale ruota di medicina. Per esempio: le candele possono rappresentare l'elemento fuoco, i cristalli la terra, l'incenso l'aria e le conchiglie l'acqua, ma ovviamente ci possono essere molte altre affinità elementali.

Se volessi imbandire una mesa utilizzando come riferimento la ruota di medicina della tribù dei Lakota, posizionerei le candele ad est, poiché questa è la direzione del fuoco, le conchiglie a sud (elemento acqua), i cristalli a ovest (terra) e l'incenso a nord (aria). È importante che la mesa venga imbandita in base alla propria ruota di medicina e che ogni oggetto o simbolo posizionato al suo interno abbia un significato ben preciso. Per esempio, gli sciamani che utilizzano pietre e cristalli durante le loro guarigioni avranno una mesa particolarmente carica di minerali, mentre chi è più sensibile all'uso dei simboli utilizzerà un telo molto decorato.

Ogni sciamano sa molto bene che la mesa è un catalizzatore di energia in grado di amplificare il potere sprigionato da una cerimonia o da una guarigione sciamanica, quindi si dedica alla sua preparazione con sacralità e rispetto.

Per realizzare la vostra mesa scegliete un telo abbastanza grande, l'ideale è 80 x 80 cm. Se sapete cucire potete assemblare i colori abbinati alle vostre direzioni unendo quattro quadrati di stoffa di dimensioni uguali, in modo da formare un quadrato più grande. In alternativa scegliete un telo del colore che più vi piace e posizionatelo a terra, nella vostra area di lavoro. Utilizzate una bussola per individuare i punti cardinali, dopodiché scegliete i simboli dei quattro elementi da posizionare in base alla vostra ruota di medicina.

Nel centro della mesa potete posizionare altri strumenti di potere, se ne avete, oppure le rappresentazioni dei vostri spiriti aiutanti (animale di potere e maestro spirituale).

Nella tradizione andina la mesa viene definita *pachachaka*, ovvero un «ponte cosmico» che connette lo sciamano con i tre regni invisibili. Nello sciamanesimo andino la mesa equivale ad un altare e viene quindi considerata sacra. Il suo utilizzo, però, non è solo contemplativo. Quando lo sciamano è chiamato a liberare un membro della comunità da energie parassitarie o da spiriti ostili, lo fa trasformando la mesa in una specie di fagotto contenente all'interno tutti gli oggetti di potere. Questo accorgimento permette alla mesa di svolgere la funzione di borsa di medicina. Lo sciamano prega i suoi spiriti alleati appoggiando il fagotto su vari punto del corpo della persona da trattare. Attraverso canti e preghiere l'uomo attira entità ed energie ostili all'interno della borsa di medicina, dopodiché poggia il fagotto al suolo e offre tutto a *pachamama* («madre terra»), che utilizzerà il dono come concime energetico.

Prima di effettuare un viaggio sciamanico è molto utile rivolgersi ad ogni punto cardinale suonando un sonaglio o un altro strumento. Partite sempre rivolti verso est e proseguite in senso orario. Fate questo girando intorno alla vostra mesa. Prima di passare al punto cardinale successivo dovete connettervi spiritualmente con lo spirito della direzione, cercando di visualizzarlo di fronte a voi. Quando avvertite in modo tangibile la presenza dello spirito, chiedete il suo aiuto per il vostro viaggio. Utilizzate le parole che vi vengono dal cuore, potete pronunciarle ad alta voce, oppure rivolgere una preghiera silenziosa. Nella pratica sciamanica tutto deve avvenire spontaneamente, non ci sono formule magiche da imparare a memoria, né regole rigide. L' elemento fondamentale è porre l'attenzione sul cuore e lasciarsi guidare dall'istinto.

Una volta compiuto il giro intorno alla mesa potete posare il sonaglio e cominciare il vostro viaggio suonando il tamburo o utilizzando una traccia audio.

Questa pratica iniziale amplifica notevolmente la riuscita del viaggio e vi aiuta ad accedere più velocemente a uno stato di espansione della coscienza. Una volta tornati nella realtà ordinaria, girate nuovamente in senso orario intorno alla mesa partendo da est e soffermatevi su ogni punto cardinale per ringraziare ogni spirito per l'aiuto che vi ha concesso.

Capitolo 7

GLI SPIRITI DEGLI ELEMENTI

I quattro elementi sono i mattoni del nostro mondo materiale e la tradizione sciamanica attribuisce ad ogni elemento delle caratteristiche particolari.

Qualsiasi disciplina esoterica utilizza il potere simbolico dei quattro elementi. Nei tarocchi i quattro semi rappresentano i quattro elementi. I denari sono associati alla terra, le coppe all'acqua, i bastoni rappresentano il fuoco e le spade l'aria. Nell'astrologia i dodici segni zodiacali vengono raggruppati in quattro categorie: segni di acqua, di terra, di aria e di fuoco. Ma quali sono le caratteristiche degli elementi e come possiamo utilizzarle in una guarigione spirituale?

Il **fuoco** rappresenta il sole, l'energia vitale, la luce, il principio maschile, la creatività, la trasformazione, la forza, l'intuizione e la perseveranza. L'elemento fuoco trasmette entusiasmo, coraggio e ispirazione. Gli spiriti del fuoco sono le salamandre, degli esseri di luce che dimorano nel sole e in ogni fiamma, grande o piccola che sia. Nello sciamanesimo vengono invocate le salamandre per chiedere un cambiamento, per aiutarci nella riuscita di un nuovo progetto, per amplificare il nostro potere creativo, per ottenere successo, fortuna e riconoscimenti. Inoltre le salamandre sono in grado di purificare il campo energetico dalle energie pesanti, più comunemente chiamate negatività. Le negatività nascano da forme pensiero disarmoniche, da sentimenti distruttivi, dall'invida e dalla rabbia. Queste energie nocive possono essere create sia da noi che da altre persone che nutrono ostilità nei nostri confronti.

L'**acqua** rappresenta la luna, il principio femminile, l'intuizione, lo sviluppo e la crescita. Ogni feto cresce immerso nel liquido amniotico, protetto dal mondo esterno mediante il grembo materno. L'acqua indica la purificazione perché viene usata per lavarsi. Nella pratica cattolica del battesimo i bambini vengono immersi in una bacinella di acqua santa per liberarli dal peccato originale. L'acqua rappresenta anche la vita. Il nostro pianeta e il nostro corpo sono composti in prevalenza di acqua. L'acqua è indispensabile per il sostentamento di qualsiasi essere vivente. Gli spiriti dell'acqua sono le ondine, delle ninfe acquatiche di straordinaria bellezza. Le sirene sono una rappresentazione mitologica degli spiriti dell'acqua. Nello sciamanesimo viene chiesto l'aiuto delle ondine per favorire il concepimento, per aiutare i bambini nel loro sviluppo fisico, per trovare l'amore e favorire l'armonia con il partner e con la propria famiglia.

La **terra** rappresenta il nostro pianeta, la materia, la concretezza, la solidità e il benessere materiale. Nelle profondità della terra si formano pietre preziose, l'oro e i metalli. La terra rappresenta quindi le fondamenta della nostra vita, la stabilità e la sicurezza. Gli spiriti della terra sono gli gnomi, detti anche folletti. Gli gnomi sono delle piccole creature verdi che abitano le foreste e i parchi. Nello sciamanesimo vengono invocati gli gnomi per questioni pratiche, come trovare un buon lavoro, raggiungere il benessere materiale e per proteggere gli orti, gli alberi e tutto il regno vegetale.

L'**aria** rappresenta il pianeta Mercurio, la comunicazione, i viaggi, gli scambi internazionali, gli studi, l'intelligenza, la logica, la dialettica e le questioni legali. Nella mitologia greca Mercurio era il messaggero degli dei, in termini sciamanici un intermediario tra il mondo superiore e il mondo di mezzo. Gli spiriti dell'aria sono le silfidi, spesso rappresentate come delle fatine alate che ritroviamo in moltissime fiabe. Gli sciamani invocano l'aiuto delle silfidi per effettuare guarigioni, per favorire gli studi, i contratti, gli scambi internazionali, i viaggi e per ricevere aiuto nelle cause legali.

Come contattare gli spiriti degli elementi

Il modo migliore per contattare gli spiriti degli elementi è fare un viaggio sciamanico nel luogo più adatto per incontrare queste entità. Se il vostro intento è conoscere gli spiriti della terra dovrete recarvi fisicamente in un giardino, un parco o una foresta e compiere lì il vostro viaggio. Potete scegliere di sedervi per terra, appoggiati al tronco di un albero e suonare il tamburo, oppure utilizzare una traccia audio da ascoltare con le cuffie. Come sempre seguite la procedura iniziale e concentratevi sull'intento del vostro viaggio. Dato che viaggerete nel mondo di mezzo, vi consiglio di farvi sempre aiutare dal vostro animale di potere, quindi come prima cosa, recatevi nel mondo inferiore per chiedere il suo sostegno. Quando il vostro totem si mostrerà a voi comunicategli il vostro intento e, insieme con lui, tornate nel luogo dove vi trovate fisicamente. Se lo desiderate potete fondervi con il vostro animale di potere oppure farvi semplicemente accompagnare da lui. Se riscontrate delle difficoltà nel vedere/percepire le entità della terra, abbandonatevi al suono del tamburo e ripetete dentro di voi l'intento. Gli gnomi sono creature molto pratiche e schiette, a volte risultano un po' bruschi, ma possono aiutarvi per raggiungere il benessere materiale. Se per esempio non sapete come pagare delle spese impreviste, potete chiedere aiuto agli spiriti della terra. Ricordatevi che sono entità amorali e non compassionevoli, e quindi per ottenere il loro aiuto dovrete conquistarli. Gli spiriti degli elementi seguono la legge della reciprocità, quindi si aspettano sempre qualcosa in cambio per l'aiuto che concedono. Gli gnomi adorano tutti i tipi di cristalli, i gioielli, le pietre preziose, l'oro e l'argento. Prima di chiedere il loro aiuto procuratevi uno di questi doni e tenetelo con voi durante il viaggio.

Appena incontrate uno gnomo fermatevi a parlare con lui, chiedetegli come si chiama e siate gentili, poi offritegli il vostro dono. Solo allora potrete fare la vostra richiesta, ma sempre con gentilezza e umiltà. Lo spirito, incantato dalla vostra offerta, potrebbe aiutarvi, oppure darvi un consiglio molto utile per risolvere il vostro problema. Seguite sempre le indicazioni dell'entità, a meno che non vi spinga a fare qualcosa di eticamente sbagliato. Una volta ultimata l'esperienza, ringraziate amorevolmente lo gnomo e congedatevi, poi ringraziate il vostro animale di potere per il prezioso supporto e lasciatelo tornare nel mondo inferiore. A questo punto potete aprire gli occhi e immergervi nuovamente nella realtà ordinaria. Ricordatevi di lasciare fisicamente il dono che avete portato, adagiatelo a terra al vostro posto, oppure sul punto esatto dove avete incontrato lo gnomo.

Per conoscere le ondine andate in riva al mare in una spiaggia a voi familiare, in alternativa scegliete un fiume o un lago. Una volta raggiunto uno stato di espansione della coscienza lasciate che il vostro spirito si immerga nelle acque per andare alla ricerca delle ondine.

Per incontrare le silfidi recatevi sulla sommità di una montagna o di un grattacielo, in modo da essere a contatto diretto con le correnti d'aria.

Per conoscere le salamandre vi basterà accendere un fuoco oppure una semplice candela prima di cominciare il viaggio sciamanico. Ricordate che ogni volta che chiedete aiuto agli spiriti degli elementi dovete lasciare un dono come ringraziamento. Le ondine adorano i profumi, procuratevi quindi un'essenza prima di cominciare il viaggio sciamanico. Una volta conclusa l'esperienza versate alcune gocce del profumo direttamente nell'acqua. Le Salamandre hanno un debole per gli incensi e le erbe aromatiche. Potete donare della salvia bianca e lasciarla bruciare su un posacenere resistente al fuoco, oppure potete accendere un bastoncino d'incenso e farlo consumare vicino alla fiamma di una candela.

Le silfidi amano particolarmente i fiori. Vi consiglio quindi di procurarvi un mazzo composto da fiori di vario tipo e lasciarlo come dono nel luogo in cui avete incontrato gli spiriti dell'aria.

I doni sono essenziali per far sì che gli spiriti elementali esaudiscano le vostre richieste. Queste entità, infatti, non hanno il compito di aiutare gli uomini ma di garantire l'equilibrio della natura. Le silfidi regolano le correnti dei venti. Gli gnomi sono i protettori del regno vegetale. Le salamandre alimentano il sole. Le ondine regolano le correnti dei mari e di ogni corso d'acqua. Oltre a queste mansioni gli spiriti elementali devono farsi in quattro per cercare di contrastare gli effetti dell'inquinamento causato dall'uomo, compito che diventa sempre più difficile con il passare del tempo.

Molti sciamani hanno degli aiutanti preziosi tra gli spiriti elementali con cui instaurano un vero e proprio rapporto di amicizia. Io, per esempio, ho una simpatica coppia di gnomi nel mio giardino che saluto ogni mattina e a cui ogni tanto regalo dei cristalli di quarzo ialino. So che grazie a queste attenzioni i miei amici gnomi proteggeranno la mia casa e le piante del mio giardino con particolare cura.

Capitolo 8

GLI OGGETTI DI POTERE

In tutte le culture gli sciamani utilizzano oggetti sacri durante le loro cerimonie per canalizzare il potere degli spiriti. Gli oggetti più comuni sono cristalli, pietre, bastoni sciamanici e conchiglie. Tra gli indiani d'America troviamo anche piume, artigli o ossa di animali totemici. Ma perché questi oggetti dovrebbero avere poteri particolari? Innanzi tutto dobbiamo precisare che, secondo la cultura sciamanica, tutto nel nostro mondo è dotato di uno spirito. Quando entra in uno stato di trance, lo sciamano è in grado di comunicare con lo spirito dell'oggetto e scoprire le sue facoltà. Un'altra modalità è quella di canalizzare l'energia dei propri spiriti alleati in un oggetto, in modo da poter usufruire del loro potere anche in uno stato ordinario di coscienza. Gli sciamani celebrano spesso dei rituali per «consacrare» i loro oggetti e infondervi facoltà straordinarie. Nello sciamanesimo degli aborigeni australiani troviamo l'utilizzo di bastoni decorati e intagliati in modo particolare con un intento preciso. Durante la costruzione del bastone lo sciamano prega gli spiriti per indurli a trasferire nell'oggetto che sta forgiando il potere di cui ha bisogno. I bastoni sciamanici possono essere costruiti per innumerevoli scopi, come tenere lontani i nemici, apportare prosperità alla tribù, riuscire a influenzare il tempo atmosferico ecc.

Nello sciamanesimo andino troviamo l'utilizzo della borsa di medicina per purificare il campo energetico delle persone e liberarle da energie parassitarie che sottraggono vitalità e salute. La borsa di medicina è un fagotto di stoffa che contiene gli oggetti di potere che lo sciamano ha forgiato lungo il suo percorso spirituale.

A prescindere della cultura di appartenenza, ogni sciamano utilizza oggetti «magici» per manifestare i suoi intenti. Qualsiasi oggetto può trasformarsi in un catalizzatore di energia in grado di aiutare lo sciamano ad attingere al potere dello spirito. Per imparare a forgiare e a utilizzare gli oggetti rituali è importante entrare in contatto con la loro essenza spirituale. Questo è possibile accedendo in uno stato espanso di coscienza.

Nel paragrafo successivo vi spiegherò come entrare in contatto con lo spirito di un cristallo per caricarlo, scoprirne le proprietà e il giusto utilizzo. Lo stesso metodo può essere impiegato per comunicare con lo spirito di un simbolo, di un anello, di un ciondolo o di qualsiasi altro oggetto che sentiamo particolarmente potente.

Come caricare una pietra o un cristallo

Negli ultimi anni abbiamo assistito a un ampio sviluppo della cristalloterapia, ovvero l'arte di guarire il corpo e la mente con l'utilizzo dei minerali. In libreria si trovano molti testi che spiegano le proprietà benefiche delle pietre e il loro uso terapeutico. Sebbene io non metta in discussione l'efficacia della cristalloterapia, la mia visione sciamanica mi porta a credere che ogni pietra e ogni cristallo abbiano una qualità, una virtù e un potere unico. Mi spiego meglio. A livello didattico sappiamo che il quarzo rosa viene utilizzato per riequilibrare il chakra del cuore, per combattere l'ansia e ritrovare la serenità, ma sono sicuro che ogni quarzo rosa ha un campo energetico unico e quindi caratteristiche uniche. Comunicando con lo spirito del minerale, potrei scoprire che il *mio* quarzo rosa può essere utilizzato per guarire dall'emicrania oppure per ritrovare la fiducia in se stessi.

Se siete attratti dalle pietre vi consiglio di approfondire l'argomento e documentarvi sulle proprietà dei vari cristalli, questa conoscenza è senz'altro un'ottima base per imparare a utilizzarli. Ovviamente, se volete davvero ottenere il massimo da ogni pietra che possedete, dovrete interagire con il suo spirito per conoscere le sue facoltà, scoprire come utilizzarla e come ricaricarla.

Il modo migliore per entrare in contatto con un cristallo è stringerlo tra le mani e tenerlo all'altezza del cuore. Fate questo mentre ascoltate una musica rilassante o una traccia di tambureggiamento sciamanico. Lo scopo, anche in questo esercizio, è raggiungere uno stato di espansione della coscienza. Potete rimanere seduti nella posizione del loto, oppure su una sedia tenendo la schiena dritta e i piedi ben poggiati a terra. Chiudete gli occhi, concentratevi sul respiro e sgombrate la mente da tutti i pensieri. Quando vi sentite centrati visualizzate un fascio di luce rossa che scende dal cielo fino ad avvolgervi e ad attraversarvi completamente. Immaginate che la luce si trasformi lentamente in una sfera rossa che vi circonda illuminandovi dentro e fuori. Visualizzate poi la sfera che diventa via via di un intenso colore arancione, giallo, verde, blu, viola e infine argento. Ogni volta che la sfera cambia colore concedetevi qualche istante per assorbire il suo potere benefico. Quando la vostra sfera diventa argentata cominciate a inviare amore alla pietra che stringete tra le mani. Espandete l'energia del cuore più che potete e dite dentro di voi «ti amo» alla pietra. Ripetete «ti amo» come un mantra provando un profondo sentimento di amore nei confronti del minerale. Lentamente vi accorgerete che la vibrazione della pietra cambierà, Potreste sentire che si scalda rapidamente tra le mani, oppure che comincia a pulsare, come se fosse un cuore. A suo modo la pietra risponderà al vostro amore, fate quindi attenzione all'energia che vi invierà di rimando. Quasi tutte le persone che sperimentano questo esercizio dichiarano di sentire un sentimento di gratitudine e amore provenire dal minerale. Porre l'attenzione su come la pietra risponde alla vostra energia è fondamentale per entrare in contatto con il suo spirito.

Una volta stabilito un legame con il minerale, chiedete al suo spirito di mostrarsi a voi. Può essere molto utile visualizzare una sagoma di luce bianca e aspettare che un'immagine prenda forma spontaneamente.

Lo spirito del cristallo può avere qualsiasi aspetto, può mostrarsi come un saggio, una ninfa, un folletto, un angelo, un animale, un essere luminoso ecc. Una volta che riuscite a vederlo o a percepirlo di fronte a voi, concentrate l'attenzione sul suo aspetto, sugli abiti che indossa, oppure, se si trattasse di un animale, sul colore e sulle sfumature del pelo. Quando l'immagine di fronte a voi è ben definita inviategli nuovamente amore. Fatelo cercando di espandere il vostro cuore più che potete. Presto sentirete lo spirito inviarvi di rimando una forte energia. Questo scambio creerà una connessione spirituale tra voi. Diventerete come i poli di una pila collegata a una lampadina che, legati da un filamento (amore), sono in grado di generare la luce. Questo stato di comunione spirituale con il cristallo ci permette di conoscere e attivare il suo potere. Come ho ripetuto molto spesso il cuore è il nostro organo spirituale per eccellenza. Inviare amore incondizionato a un cristallo è il modo migliore per risvegliare il suo spirito e sprigionare il suo potere benefico. La stessa cosa può essere fatta con un'erba medicinale, con l'acqua o con il cibo.

Dopo aver stabilito un contatto con lo spirito della pietra potete interagire con lui per ricevere le informazioni desiderate. Tra le innumerevoli domande che potete porre, vi consiglio di formulare almeno queste tre:

- Quali sono le proprietà del cristallo?
- Come deve essere utilizzato?
- Come deve essere purificato e ricaricato?

Una volta che avrete ricevuto tutte le risposte alle vostre domande, ringraziate lo spirito per essersi manifestato e visualizzatevi nuovamente nella sfera di luce argentata. Concentratevi sul respiro e lasciate che la sfera cambi di colore lentamente, diventando viola, poi blu, verde, gialla, arancione e infine rossa. Saggiate le vibrazioni benefiche di ogni colore prima di passare a quello successivo. Quando vi troverete immersi dalla luce rossa, iniziate a muovere qualche muscolo per riprendere il contatto con il vostro corpo, dopodiché aprite gli occhi.

Come costruire un bastone sciamanico

Il bastone è da sempre il simbolo del comando. Oltre ad essere l'emblema dell'energia maschile, rappresenta anche l'unione degli elementi. Il bastone proviene dalla terra, si vibra nell'aria, alimenta il fuoco e padroneggia l'acqua galleggiando su di essa. Fin dai tempi antichi il bastone rappresenta la connessione dell'uomo con i regni invisibili. Il bastone è infatti composto da tre parti: punta rivolta verso il basso (che rappresenta il mondo inferiore), punta rivolta verso l'alto (che indica il mondo superiore) e il manico (mondo di mezzo). Attraverso il bastone lo sciamano si connette alla forza dei quattro elementi e dei regni invisibili. Per i sacerdoti romani, un bastone ricurvo, chiamato *lituus*, era il principale strumento divinatorio e magico. La figura del mago nell'immaginario collettivo è spessa accompagnata da un bastone, ma in realtà ritroviamo questo strumento anche nella Bibbia. Mosè trasforma il suo bastone in un serpente per dimostrare il potere di Dio dinnanzi al faraone. Questo oggetto di potere gli consentirà in seguito di padroneggiare gli spiriti della natura e degli elementi, permettendogli di dividere le acque e salvare il suo popolo dalla tirannia del faraone. Merlino e Odino sono altre due figure leggendarie raffigurate sempre con un bastone. Molti spunti interessanti li troviamo anche nella mitologia greca dove molte divinità vengono rappresentate con dei bastoni misteriosi, dal tridente di Poseidone, al caduceo di Hermes. Quest'ultimo è raffigurato con due serpenti attorcigliati al suo bastone, che rappresentano il bene e il male in perfetta armonia. Nella tradizione tantrica ritroviamo lo stesso simbolo per rappresentare la kundalini, ovvero l'energia divina a cui si può attingere attraverso l'illuminazione spirituale. Nella kundalini i due serpenti, Ida e Pingala, rappresentano rispettivamente l'energia femminile e maschile che danzano in perfetta armonia intorno a Sushumna, asse centrale dell'uomo dove scorre l'energia vitale (colonna vertebrale). La somiglianza del caduceo sia con la raffigurazione della kundalini sia con l'elica del DNA, rimane uno dei più controversi misteri legati al simbolismo spirituale.

Il bastone del faraone, lo scettro del re e il pastorale sono tutte interpretazione di un antichissimo simbolo che ha sempre rappresentato l'anello di congiunzione tra l'uomo e i regni invisibili. Il valore archetipico del bastone lo rende l'oggetto rituale per eccellenza, ma per far sì che diventi uno strumento di potere è fondamentale che venga forgiato con la forza dello spirito.

Prima di costruire il vostro bastone sciamanico dovete decidere quale dovrà essere il suo utilizzo. Se siete persone che tendono ad assorbire facilmente le energie degli altri, vi consiglio di forgiare il vostro bastone con l'intento di renderlo uno strumento di protezione in grado di schermare il vostro campo energetico da qualsiasi attacco esterno. Non ci sono limiti alle facoltà magiche che potete infondere in un bastone sciamanico. Potete realizzare bastoni in grado di attirare ricchezza, amore, fertilità, salute, felicità e molto altro ancora. Una volta che avrete deciso che tipo di bastone volete realizzare, recatevi da soli in una foresta. Mentre camminate nella natura ponete l'attenzione sul cuore e chiedete agli spiriti del luogo di indicarvi una verga che abbia le facoltà che state cercando. Gli spiriti vi guideranno finché non troverete il bastone adatto al vostro intento. Può essere che troviate una verga lungo un sentiero, proprio di fronte a voi, oppure che vi sentiate attratti verso un particolare tipo di albero. In questo caso appoggiate le vostre palme sul tronco dell'albero, ponete l'attenzione sul cuore ed entrate in contatto con lo spirito della pianta. Confidate all'albero il motivo che vi ha condotto da lui e chiedetegli il permesso di recidere uno dei suoi rami. Rimanete in uno stato meditativo finché non ricevete una risposta dalla pianta. Ricordatevi sempre che la comunicazione nel mondo dello spirito avviene attraverso il cuore. Ascoltate con il cuore e non sbaglierete. Se lo spirito dell'albero vi dà il suo permesso, scegliete un ramo delle dimensioni giuste e recidetelo. Se la pianta non vi concede il suo consenso, ringraziatela e continuate la vostra ricerca. Ricordatevi di portare con voi un seghetto e una borsa abbastanza grande per contenere gli oggetti che vi serviranno per realizzare il vostro bastone sciamanico.

Una volta che avrete trovato il legno ideale per il vostro bastone chiedete agli spiriti del luogo di donarvi gli oggetti più indicati per decorarlo. Potreste trovare lungo il vostro cammino delle bellissime piume di volatili, pietre, cristalli, oggetti in metallo e molto altro ancora. Raccogliete questi doni con gratitudine e riponeteli nella vostra borsa. Quando sentite di aver tutto l'occorrente per realizzare il vostro bastone scegliete un posto dove poter fare un viaggio sciamanico tenendo la verga vicino a voi. Vi basterà sedere a terra appoggiati al tronco di un albero e ascoltare in cuffia una traccia di tambureggiamento sciamanico. Se possedete un tamburo o un sonaglio, potete decidere di portarlo con voi e suonarlo personalmente per guidare il vostro viaggio. Come prima cosa recatevi nel mondo inferiore a incontrare il vostro animale di potere e confidategli il vostro intento, ovvero realizzare un bastone sciamanico che abbia un determinato potere. Può essere che il vostro totem vi dia delle indicazioni preziose sulla realizzazione del bastone o che vi suggerisca un rituale da svolgere per caricare il bastone di energia divina. Cercate di memorizzare tutte le informazioni che vi vengono date, dopodiché chiedete al vostro animale di donarvi un simbolo magico che rappresenti il potere del bastone. Se, per esempio, il vostro intento è realizzare un bastone in grado di proteggervi dagli attacchi energetici altrui, chiedete al vostro totem di donarvi un simbolo che racchiuda questo specifico potere. Appena il simbolo vi verrà rivelato chiedete all'animale di infondere il suo potere spirituale nella verga. Può essere che il totem si fonda con il bastone, oppure che emetta dei suoni o dei versi per trasmettergli il suo potere. Lasciate che il vostro alleato agisca in base al suo sentire e aspettate che finisca il suo rituale, dopodiché ringraziatelo e ritornate dal vostro viaggio. A questo punto trascrivete sul vostro diario sciamanico tutte le informazioni che avete ricevuto e disegnate fedelmente il simbolo che vi è stato donato.

A questo punto effettuate un altro viaggio, ma questa volta recatevi nel mondo superiore. Andate a incontrare il vostro maestro spirituale e rivelategli il tipo di potere che desiderate infondere nel vostro bastone. Rimanete in ascolto portando l'attenzione sul cuore per ricevere eventuali indicazioni. Chiedete al maestro di donarvi un simbolo magico che racchiuda il potere da voi indicato e cercate di memorizzarlo in ogni suo dettaglio. Infine chiedete alla vostra guida di infondere il suo potere divino nella verga. Quando il maestro avrà ultimato il suo rituale ringraziatelo e ritornate nel qui e ora. A questo punto trascrivete ancora una volta le vostre rivelazioni sul diario.

Ora avete tutti gli strumenti per poter realizzare il vostro bastone sciamanico. Scegliete un luogo dove ultimare la vostra opera, può essere in mezzo al bosco o nella comodità della vostra casa, l'importante è che possiate forgiare il vostro bastone in solitudine senza interferenze esterne. Prendete la verga e decidete se levigarla o lasciarla grezza. Se non vi è stata data un'indicazione in merito agite in base al vostro sentire. A questo punto radunate gli oggetti che avete scelto per decorare il bastone: piume, pietre ecc. Procuratevi anche oggetti per lavorare il legno e per fissare gli oggetti decorativi: colla, lacci di cuoio, incisore, ecc.. Solitamente le piume vengono fissate sull'estremità in alto, incollandole e poi legandole intorno al bastone con un laccio di cuoio. I cristalli possono essere fissati sulla verga intagliando una cavità che li accolga e incollandoli poi su di essa. Ovviamente agite sempre in base al vostro sentire e seguendo le indicazioni ricevute dalle vostre guide. Quando avrete aggiunto tutti gli oggetti decorativi munitevi di incisore e intagliate i simboli che avete ricevuto dalle vostre guide spirituali. Ricordatevi che il simbolo che vi è stato rivelato dall'animale di potere va inciso nell'estremità inferiore del bastone, mentre il simbolo canalizzato dal maestro spirituale va impresso sull'estremità superiore.

Per amplificare il potere del bastone utilizzate un mantra da ripetere ad alta voce o dentro di voi. Il mantra deve essere estremamente semplice ed esprimere chiaramente il potere che volete infondere nel bastone. Per esempio, se il vostro intento è realizzare un bastone sciamanico in grado di attirare la ricchezza potete ripetere le parole «ricchezza e «prosperità» durante tutta la realizzazione del bastone. Se invece volete un oggetto di potere che vi protegga da energie indesiderate vi basterà ripetere le parole: «scudo energetico» e «protezione assoluta». Una volta ultimato il vostro bastone sciamanico consacratelo passandolo sopra il fumo di un incenso sacro, come la salvia bianca o il palo santo. Utilizzate il bastone come vi è stato indicato dalle vostre guide. Può essere che dobbiate tracciare nell'aria dei simboli utilizzando il bastone, oppure che vi basterà stringerlo tra le mani per beneficiare del suo potere. Ognuno dovrà utilizzare il proprio bastone in base alle indicazioni ricevute dai propri alleati. Per farvi comprendere quanto le istruzioni canalizzate dalle vostre guide possano essere precise vi riporterò la mia personale esperienza. Tempo fa ho voluto realizzare un bastone sciamanico che avesse il potere di allontanare dalle persone gli spiriti sofferenti e le larve energetiche. Le mie guide mi hanno detto che era fondamentale che il bastone emettesse un suono simile a quello di un sonaglio e mi hanno indicato di aggiungere sulla sommità della verga dei semi di Camalonga per ottenere questo risultato. Per rivelazione diretta ho poi scoperto che il bastone doveva essere agitato intorno al corpo della persona da trattare, poiché il suono che emetteva era in grado di scacciare le energie parassitarie e gli spiriti indesiderati.

Se avete dei dubbi sulla realizzazione o sul giusto utilizzo del vostro bastone potete effettuare un viaggio sciamanico per chiedere ulteriori istruzioni ai vostri alleati. Lasciatevi guidare dagli spiriti ausiliari e non sbaglierete.

Capitolo 9

IL CAMPO ENERGETICO

Secondo la visione sciamanica non siamo fatti solo di materia. La parte di noi che vediamo riflessa nello specchio non è che una piccola parte della nostra essenza. Il corpo è avvolto da un campo energetico che molti chiamano aura, nonché da un campo elettromagnetico. All'interno del nostro corpo ci sono numerosi centri energetici, i più famosi sono i sette chakra posizionati lungo l'asse centrale del corpo umano. Quando il nostro campo energetico è disarmonico e quando i nostri punti energetici primari sono bloccati, il corpo può manifestare la malattia o il disturbo psicologico.

In tutte le culture sciamaniche viene assegnata molta importanza alla cura e all'equilibrio del campo energetico dell'uomo poiché ciò determina il suo benessere psico-fisico. La nostra aura viene influenzata in primis dai pensieri e dalle emozioni. Se proviamo costantemente rabbia, rancore, rimpianto e altri sentimenti negativi, il nostro campo energetico tenderà man mano a indebolirsi fino a renderci vulnerabili agli attacchi esterni. La stessa cosa può accadere se soffriamo di stress o se siamo profondamente insoddisfatti della nostra vita. Ogni emozione, sentimento e pensiero negativo indebolisce il nostro campo energetico generando ogni tipo di malessere fisico o mentale. Emozioni e pensieri positivi invece rafforzano la nostra aura, rendendola più grande e luminosa. Questo fenomeno si manifesta per risonanza, poiché tutto ciò che ci fa stare bene innalza la nostra vibrazione, mentre ciò che ci fa stare male la abbassa drasticamente. Per questo motivo dovremmo sempre cercare di tenere la nostra vibrazione alta ed evitare il più possibile situazioni che potrebbero renderci vulnerabili.

Se operate in un ambiente lavorativo fonte di stress, rabbia e frustrazione avete due scelte: cercare di concentrarvi solo sugli aspetti positivi del vostro lavoro, oppure trovare un'altra occupazione. In genere si dedica alla professione la maggior parte del proprio tempo, quindi è fondamentale che sia un'attività gratificante e soddisfacente. Purtroppo però i più svolgono un lavoro che non amano e questo arreca gravi conseguenze sul loro benessere psico-fisico. Anche la sfera sentimentale e familiare può essere causa di disarmonia energetica. Se vivete con un partner che vi rende infelici dovreste pensare seriamente a chiudere la relazione. In diversi casi i matrimoni vanno avanti solo per paura. Molte persone accettano una vita sentimentale insoddisfacente perché hanno paura dell'ignoto o di rimanere soli. Questo porta molte persone a convivere con la sofferenza e la frustrazione, emozioni deleterie che a lungo andare possono compromettere la salute e l'equilibrio mentale.

Per essere felici domani bisogna esserlo oggi. Molti commettono lo sbaglio di credere che solo quando raggiungeranno un determinato traguardo potranno essere felici. Affidare la nostra felicità a qualcos'altro o a qualcun altro, la allontana sempre di più dalla nostra vita.

Anche i luoghi possono caricarsi di un'energia più o meno positiva, in base agli avvenimenti che ospitano. Se in una casa avvengono spesso furiosi litigi familiari o, peggio ancora, violenze domestiche, le mura dell'abitazione assorbiranno un'energia negativa che influenzerà chiunque vi entrerà. Vi è mai capitato di recarvi in un certo luogo e non sentirvi per niente a vostro agio? Questo accade perché ognuno di noi riesce a captare l'energia che lo circonda. Anche se solitamente le persone non ne sono consapevoli, siamo in grado di percepire molto di più della semplice materia. I luoghi conservano una memoria energetica che spesso è opportuno purificare.

Anche chi è vittima di invidia e risentimento da parte di altri può subire dei danni più o meno gravi. Quello che viene generalmente chiamato «malocchio» altro non è che la manifestazione energetica della malevolenza altrui. Ovviamente per essere danneggiati dai pensieri o sentimenti degli altri bisogna essere spiritualmente vulnerabili, ovvero avere un campo energetico piuttosto debole e danneggiato. In questi casi è opportuno effettuare una purificazione per allontanare le negatività e successivamente ristabilire l'equilibrio dell'aura attingendo all'energia universale. Nei paragrafi successivi vi insegnerò un metodo semplice e veloce per purificare il campo energetico personale o della propria abitazione; in seguito vi illustrerò delle tecniche sciamaniche per ricaricarvi di energia cosmica.

I vampiri energetici

I vampiri energetici, o vampiri psichici, sono persone con un campo energetico molto debole che hanno costantemente bisogno di attingere all'energia altrui. Sicuramente vi è capitato di avere a che fare con una persona la cui sola presenza è stata in grado di farvi sentire stanchi, apatici e completamente svuotati. Magari le prime volte non avete dato molta importanza alla cosa, ma con il passare del tempo vi siete accorti che, ogni volta che eravate insieme a quella persona, la vostra energia vitale diminuiva sensibilmente. Con molta probabilità quell'individuo dall'apparenza normale è in realtà un vampiro energetico.

Ma chi sono i vampiri energetici e perché si nutrono dell'energia altrui?

Ogni persona fin dalla nascita è dotata di un certo livello di energia che gli sciamani chiamano potere personale. Purtroppo molti bambini nascono con un'energia vitale molto bassa, probabilmente perché hanno perso parte del loro potere personale in vite precedenti. Queste creature imparano fin da subito a nutrirsi dell'energia di chi sta loro vicino, in primis di quella materna. Durante l'allattamento questi bambini succhiano non solo il latte ma anche l'energia della madre. È per questo che molte donne vivono male la fase dell'allattamento e alcune si rifiutano persino di allattare i propri figli ricorrendo al latte artificiale. Questi bambini, crescendo imparano a nutrirsi dell'energia del prossimo utilizzando il potere della mente, diventano dei magneti viventi che attirano a sé l'energia di cui hanno bisogno per sopravvivere. Devo precisare però che i vampiri energetici sono del tutto inconsapevoli di esserlo. Agiscono a livello inconscio, così come inconsciamente le loro vittime si lasciano sottrarre la loro energia vitale. I vampiri energetici continuano a cibarsi del potere vitale altrui per tutta la loro vita, a meno che non intraprendano un percorso spirituale che innalzi la loro vibrazione e gli insegni ad attingere all'energia cosmica. In caso contrario continueranno a danneggiare le persone a loro più vicine come il partner, i figli, gli amici e i colleghi di lavoro.

Ma come possiamo difenderci dai vampiri energetici? Il metodo più efficace e semplice è quello di smettere di frequentare queste persone. Ovviamente questo non sempre è possibile perché a volte i vampiri si celano nella nostra cerchia familiare o nell'ambito lavorativo. In questi cosi è importante individuare esattamente chi è il vampiro che vi attacca, dopodiché dovete promettere con fermezza a voi stessi di non lasciare mai più che quell'individuo si nutra della vostra energia vitale. Ogni volta che entrate in contatto con il vampiro, sia anche solo telefonicamente, visualizzatevi dentro a una sfera di cristallo e ripetete dentro di voi come un mantra queste parole: «Tu non hai alcun potere su di me». Questo metodo è davvero efficace. Vedrete che in breve tempo il vampiro perderà interesse in voi e si concentrerà su un'altra vittima. Un altro metodo efficace è portare con sé un diaspro rosso. I nativi americani conoscevano molto bene le facoltà di questo minerale e lo consideravano un amuleto di protezione, nonché un portafortuna. Prima di utilizzare il diaspro rosso come scudo protettivo vi consiglio di entrare in contatto con lo spirito della pietra (vedi capitolo 9) e di chiedergli di proteggervi da qualsiasi attacco psichico ed energetico. In questo modo realizzerete un vero e proprio amuleto in grado di proteggervi dai vampiri energetici, dalle invidie e dalle cattiverie altrui. Vi consiglio di entrare in comunione con la pietra una volta al mese per ricaricarla con il vostro amore incondizionato. Ogni volta che incontrate lo spirito del minerale chiedetegli di proteggervi dagli attacchi esterni e mostratevi riconoscenti per l'aiuto che vi offre. Con il passare del tempo il vostro amuleto diventerà sempre più potente, trasformandosi in un vero e proprio scudo energetico.

Purificare il campo energetico

La pratica che vi sto per illustrare viene chiamata generalmente *limpia* («pulizia» in spagnolo) ed è in grado di allontanare le energie nocive che si annidano nel campo energetico delle persone o in quello dei luoghi. La limpia si esegue facendo bruciare la salvia bianca, una pianta, considerata sacra dai nativi americani, dagli sciamani andini e da quelli messicani. Recentemente è stato riscontrato scientificamente che bruciare la salvia bianca in una stanza elimina la maggior parte dei batteri presenti nell'aria, perfino quelli resistenti ai normali disinfettanti. Inoltre, questa «pulizia ambientale» ha una durata molto maggiore rispetto ai metodi comunemente utilizzati. Per gli sciamani, infatti, i batteri, i virus e tutto ciò che la scienza identifica come causa di malattie, allergie e malesseri, non sono altro che la materializzazione fisica delle energie sprigionate dall'uomo attraverso pensieri e sentimenti negativi.

È doveroso precisare che questo metodo di purificazione energetica è solo palliativo. L'effetto della limpia è destinato a finire dopo pochi giorni ed è quindi necessario ripetere il rituale. Per liberarsi dalle energie parassitarie una volta per tutte bisogna sottoporsi a una guarigione sciamanica, solo in questo modo possiamo recuperare il nostro potere personale e diventare immuni a future intrusioni energetiche.

Per effettuare la limpia su una persona procuratevi un po' di salvia bianca essiccata, un carboncino per incenso e un posacenere resistente al fuoco. Accendete il carboncino direttamente sul posacenere e metteteci sopra qualche foglia di salvia. Ben presto si sprigionerà un fumo dall'odore pungente. Fate posizionare la persona da trattare di fronte a voi con le braccia sollevate, come a formare una croce. Prima di procedere rivolgete una preghiera silenziosa allo spirito della salvia, chiedendogli di allontanare dal campo energetico della persona tutto ciò che è disarmonico e nocivo. Questo accorgimento amplifica il potere del rituale rendendolo molto più efficace. A questo punto prendete il posacenere e passate il fumo della salvia su tutto il corpo della persona. I nativi americani utilizzano una piuma di aquila per direzionare l'esalazione, ma è possibile ottenere lo stesso risultato utilizzando la mano. Mentre eseguite la limpia ponete l'attenzione sul cuore, in modo da acuire le vostre intuizioni. Se sentite di dover rimanere di più su una zona del corpo, fatelo. Passate l'incenso tutt'intorno alla persona, anche sopra la sua testa. I punti dove solitamente si annidano più facilmente le energie negative sono le ascelle e le piante dei piedi, quindi non tralasciate queste zone. Una volta che avete ultimato la limpia, ringraziate lo spirito della salvia.

Per effettuare una limpia su di voi potete chiedere l'aiuto di un vostro amico, in alternativa potete arrangiarvi da soli, cercando di farvi avvolgere completamente dal fumo della salvia bianca.

Per svolgere una purificazione energetica in un'abitazione lasciate bruciare la salvia in ogni stanza. Se sentite di dover intervenire più su un punto particolare della casa, come un angolo, un corridoio o una parete, fatelo senza dubitare delle vostre percezioni. Anche in questo caso è importante connettersi spiritualmente con lo spirito della salvia e chiedere il suo aiuto durante il rituale.

Una volta ultimato il lavoro attendete una decina di minuti e poi aprite le finestre per far uscire le energie nocive dalla vostra abitazione.

Gli sciamani fanno bruciare un po' di salvia bianca prima di cominciare un viaggio sciamanico ed eseguono la limpia sui loro clienti prima di effettuare le loro guarigioni. Questo accorgimento allontana gli spiriti e le energie indesiderate purificando lo spazio di lavoro.

Capitolo 10

COME RICARICARE IL CAMPO ENERGETICO

Il sole è l'astro da cui tutto il nostro pianeta riceve l'energia vitale. Senza questa stella non esisterebbe la vita sulla terra. Il sole rappresenta una sorgente inesauribile di prana a cui tutti possono attingere per ricevere guarigione e benessere. Il nostro pianeta assorbe come una spugna l'energia vitale del sole e la utilizza per creare la vita in ogni sua forma. Il Sole e la Terra rappresentano rispettivamente l'archetipo maschile e quello femminile, oltre ad essere le fonti di energia più potenti a nostra disposizione. Vista in una chiave ancora più simbolica la Terra sembra conservare nel suo grembo un piccolo sole (nucleo terrestre), come se fosse stata fecondata dall'astro. Questa eterna gestazione sembra essere la fonte della vita eterna che, attraverso i cicli di morte e rinascita, continua a manifestarsi sul nostro pianeta. Alla luce di questa interpretazione non stupisce che presso il popolo dei Celti il Sole venisse chiamato il Grande Padre, ovvero il Creatore del tutto. Non è un caso che il Natale, giorno in cui si festeggia la nascita di Gesù, cada proprio il 25 dicembre, subito dopo il solstizio d'inverno. Questo periodo dell'anno segna la fine di un ciclo che termina con una sorta di morte metaforica rappresentata dai giorni più corti dell'anno (dal 21 al 24 dicembre). Dal 25 dicembre il Sole è come se rinascesse e le giornate si allungano sempre di più fino a raggiungere il culmine nel solstizio d'estate. Nel periodo in cui noi festeggiamo il Natale, i Celti celebravano la nascita del Grande Padre, identificato con l'astro solare. La Terra era invece chiamata la Grande Madre proprio per il suo potere di generare la vita in ogni sua forma. Nel grembo di Madre Terra tutto viene trasformato diventando parte del processo di creazione. Non è un caso che in tutte le culture esista l'usanza di seppellire i morti. Affidando i defunti alla terra si concede loro la possibilità di esprimersi in nuove forme diventando immortali. Nulla muore. Tutto si trasforma. È questo l'insegnamento di Madre Terra.

Quando ci si sente privi di energia vitale possiamo quindi rivolgerci al Sole o alla Madre Terra per ricaricarci. Qui di seguito vi propongo due potenti rituali che hanno lo scopo di connetterci con il Grande Padre e con la Grande Madre.

Attingere all'energia di Madre Terra

Ogni volta che ne sentite la necessità di ricaricare la vostra energia, recatevi in un parco, un bosco o anche in un giardino. Sedetevi per terra e poggiate le mani sul terreno con le palme bene aperte. Chiudete gli occhi e fate dei respiri lenti e profondi per rilassarvi. Ponete l'attenzione sul cuore e inviate amore alla Madre Terra. Lasciate che l'energia del vostro cuore vi passi attraverso le mani per insinuarsi nel terreno. Cercate di percepire come la Grande Madre risponde al vostro amore. Potreste sentire un grande calore pervadervi, oppure percepire un formicolio nelle mani o perfino essere inondati da un senso di gioia o beatitudine. Quando sentite di esservi messi in contatto con la Madre Terra chiedetele di donarvi la sua energia curativa e di liberarvi delle tossine energetiche che avete accumulato. A questo punto utilizzate il respiro come veicolo energetico. Ogni volta che inspirate lasciate che l'energia benefica della terra passi attraverso i chakra delle mani fino a colmare tutto il vostro corpo. Ogni volta che espirate offrite alla terra le vostre «scorie», ovvero tutto ciò che appesantisce il vostro cuore (paura, sofferenza, tristezza, stress, preoccupazioni, ecc.). La Grande Madre saprà trasmutare queste tossine in pura energia e utilizzarle a beneficio di tutto il pianeta. Quando vi sentite completamente ripuliti e ricaricati di energia, ringraziate la Madre Terra e ritornate nel qui e ora.

Attingere all'energia del Sole

Un altro metodo per ritrovare il benessere psicofisico nutrendosi dell'energia cosmica è esporsi alla luce del sole. Scegliete un luogo in natura, come una spiaggia, un parco o un giardino, dopodiché sdraiatevi a terra in modo da sentire il calore e la forza del Sole su tutto il vostro corpo. Chiudete gli occhi e fate dei respiri lenti e profondi per rilassarvi completamente. Ponete l'attenzione sul cuore e cominciate a inviare amore incondizionato al sole. Visualizzate un flusso di energia che dal vostro cuore sale nel cielo fino a raggiungere l'astro. Il Grande Padre potrà rispondervi in vari modi. Solitamente si avverte un forte calore, oppure ci si sente pervadere da una potente onda di energia, o semplicemente si sperimenta un senso di amore e beatitudine. Quando sentite di essere entrati in risonanza con il sole chiedete al Grande Padre di colmarvi della sua luce divina e di trasmutare le vostre tossine energetiche in pura luce. A questo punto visualizzate un raggio solare che parte dall'astro fino a raggiungere la sommità della vostra testa. Lasciate che il fascio luminoso penetri dentro di voi e si propaghi in ogni cellula del vostro corpo, fino ad irradiarvi completamente. È possibile durante questa meditazione percepire delle zone d'ombra annidate in qualche parte del corpo. Questi punti oscuri sono la manifestazione delle energie nocive accumulate nel tempo. Lasciate che il raggio solare illumini le zone d'ombra fino a farle scomparire del tutto. Quando riuscirete a visualizzarvi totalmente irradiati di pura luce, ringraziate il Grande Padre per la guarigione che vi ha concesso e ritornate nel presente.

Capitolo 11

DIVENTARE GUERRIERI DI LUCE

Secondo lo sciamanesimo hawaiano tutto nel nostro mondo è connesso ed ha uno spirito. Attraverso la pratica impariamo a sentire sempre di più il legame con il tutto e comprendiamo l'importanza che ognuno di noi ha all'interno di questa rete cosmica. Il fine ultimo dello sciamanesimo è diventare dei Guerrieri di Luce, ovvero dei canali di amore, pace e guarigione. Nel corso di questo libro abbiamo compreso l'importanza che la parola e il dialogo interiore hanno nella manifestazione della nostra realtà, ma abbiamo anche scoperto che i nostri pensieri e i nostri sentimenti si propagano nella rete cosmica influenzando in positivo o in negativo tutto il nostro mondo. Questa consapevolezza ci spinge a fare maggiore attenzione a quello che facciamo entrare nel nostro cuore e nella nostra mente. Purtroppo però non è così facile rimanere imperturbabili nei confronti di ciò che ci ferisce . Tutto ciò che ci accade nella vita provoca una reazione positiva o negativa, e questa è una realtà innegabile. Sicuramente possiamo impegnarci a non farci travolgere dalla collera o dalla frustrazione al primo ostacolo. Tuttavia il modo più semplice per rimanere dei canali puliti all'interno della rete cosmica è trasmutare tutto ciò che risulta disarmonico in noi. Esattamente come abbiamo l'abitudine di farci la doccia ogni giorno per liberarci di impurità e batteri, allo stesso modo possiamo imparare a purificare il nostro cuore e la nostra mente da tutto ciò che può essere potenzialmente dannoso per noi e per gli altri. Nel paragrafo successivo vi illustrerò un rituale che prevede l'utilizzo dell'acqua per trasmutare pensieri ed emozioni negative. Il rito dell'acqua, se praticato quotidianamente, è in grado di trasformarvi in canali di energia cristallina dove può scorrere solo amore e pace. Vi accorgerete che liberandovi dalle scorie tossiche che appesantiscono il vostro animo riuscirete a sperimentare la vera gioia e a realizzare tutti i vostri desideri autentici. Utilizzo volutamente l'aggettivo «autentici» perché purtroppo la maggior parte dei nostri desideri sono menzogne, ossia ci sono stati insinuati nella mente dal lavaggio del cervello a cui ci hanno sottoposto le istituzioni fin dalla nostra nascita.

Discernere i desideri autentici da quelli menzogneri diventerà spontaneo grazie alla pratica sciamanica, perché predispone a un profondo ascolto interiore. Allineandoci con il nostro cuore verremo guidati dalle nostre guide spirituali verso la completa realizzazione di noi stessi in ogni settore della nostra vita: professione, amore, amicizie, famiglia ecc. Questo ci renderà fonte di ispirazione per le persone intorno a noi e potremmo influenzare positivamente la rete cosmica e quindi l'umanità intera. Credo fortemente che l'uomo si stia avvicinando verso un'era di maggiore consapevolezza e illuminazione. Le menzogne dettate dall'ego a cui crediamo da tempo immemore si stanno rivelando esattamente per quello che sono: un inganno, una trappola, nonché la causa dell'infelicità dell'uomo.

Credere di non essere perfetti perché non corrispondiamo agli ideali imposti dalla società vuol dire credere in una bugia e condannare tutta la nostra esistenza all'infelicità. Se pensiamo che la natura sia perfetta, che il regno animale e vegetale sia perfetto, allora perché ci consideriamo perennemente imperfetti? Questo avviene perché fin da piccoli abbiamo creduto nelle menzogne delle istituzioni il cui unico obiettivo è sempre stato quello di soggiogarci e renderci schiavi. Il Guerriero di Luce è un uomo libero, immune da questi subdoli inganni. Il Guerriero di Luce è una fonte di ispirazione e uno strumento di guarigione per tutta la rete cosmica. Accogliete questa missione nel vostro cuore, scegliete di essere un Guerriero di Luce e sperimenterete il paradiso in terra. Se pensate che questo compito sia facile vi sbagliate. Ci vuole disciplina e impegno per rimanere dei canali cristallini di amore puro, ma se ci riuscirete la vostra vita non sarà più la stessa.

La magia dell'acqua

L'acqua è l'elemento più ricettivo che esiste in natura ed è per questo che è in grado di assorbire l'energia sprigionata dall'animo umano. Il nostro corpo è composto in prevalenza di questo elemento. La vita stessa ha avuto origine nell'acqua e questa è la dimostrazione del suo enorme potere. Nel mondo esistono dei luoghi riconosciuti universalmente magici proprio per la presenza di fonti dalle proprietà curative.

Non è un caso che il santuario più famoso al mondo, dove si registrano il maggior numero di miracoli, sia quello di Lourdes. In questo luogo mistico i pellegrini si immergono nelle acque sante per ricevere la grazia della Vergine Maria. L'acqua è quindi il veicolo in grado di trasmettere ai fedeli il potere dello spirito. Gli scettici considerano i miracoli che si manifestano nel santuario di Lourdes solo un effetto della suggestione, eppure recentemente la scienza ha dimostrato che l'acqua è veramente in grado di caricarsi di energia e di informazioni. Lo scienziato giapponese Masaru Emoto ha dimostrato che l'acqua viene influenzata dai pensieri e dalle parole al punto da cambiare la struttura dei suoi cristalli. Emoto ha osservato che l'acqua sottoposta a pensieri e parole positivi, come amore, pace, gratitudine ecc. forma cristalli molto belli e dall'aspetto armonico. L'acqua che invece viene sottoposta a parole e pensieri carichi di odio e disprezzo crea cristalli asimmetrici e disarmonici. Questo riscontro scientifico avvalora ciò che gli sciamani sostengono da millenni, ovvero che tutto è interconnesso da una rete cosmica e che ognuno di noi può utilizzare il potere della parola per influenzare la rete.

L'acqua può essere utilizzata come elemento di guarigione, per liberarci dal veleno psichico ed emotivo, oltre che per trasmettere al corpo informazioni che abbiamo bisogno di assimilare nel profondo di noi stessi. Per poter beneficiare del potere benefico dell'acqua dobbiamo prima imparare a connetterci spiritualmente con questo elemento. Ciò è possibile praticando il rituale dell'acqua. Vi suggerisco di svolgere questa pratica ogni giorno, preferibilmente al mattino, subito dopo aver fatto la vostra presentazione alle quattro direzioni (vedi capitolo 2).

Il rituale dell'acqua richiede circa un quarto d'ora di tempo, periodo in cui non dovete essere disturbati. Scegliete una stanza in cui vi sentite accolti e al sicuro, tenete le luci basse e staccate il telefono. Se lo desiderate potete bruciare dell'incenso o del palo santo per purificare l'ambiente. Procuratevi un bicchiere di acqua e stringetelo tra le mani per tutta la durata del rituale. Rivolgetevi ad est e sedete a terra nella posizione del loto, in alternativa accomodatevi su una sedia con la schiena dritta e i piedi ben poggiati a terra. Vi consiglio di utilizzare una musica rilassante o una traccia di tambureggiamento sciamanico per accedere a uno stato di espansione della coscienza. Come prima cosa traete dei respiri lenti e profondi gonfiando l'addome, ponete l'attenzione sul potere benefico che ha l'ossigeno sul vostro corpo. Lasciatevi accarezzare dal respiro e rilassate ogni muscolo. Quando vi sentite pronti utilizzate questo mantra di purificazione:

Io sono Amore. Io sono Luce. Io sono Spirito infinito.

Questo mantra è molto efficace per innalzare le nostre vibrazioni, liberarci dalle forme pensiero negative e dalle emozioni nocive. Queste potenti affermazioni ci permettono con il tempo di diventare dei canali di Amore e di Luce universale.

Come potete notare ogni frase del mantra contiene le parole «Io sono» e questo serve per predisporre il nostro inconscio a considerarci già ciò che aspiriamo a diventare. È importante recitare il mantra con fermezza e coinvolgimento. Le parole non vanno pronunciate senza partecipazione, altrimenti il rituale non sortirà alcun effetto.

Durante la recitazione del mantra dovrete concentrarvi su tre punti energetici: il cranio e la colonna vertebrale (che vengono considerati un unico punto), il chakra del cuore e il terzo occhio (posto centralmente sulla fronte appena sopra le sopracciglia). Porre l'attenzione su questi canali di energia cosmica ci aiuterà a caricare l'acqua delle informazioni contenute nelle nostre parole.

Quando pronunceremo la parola «Io» dovremmo concentrarci sul primo punto, ovvero il cranio unito alla colonna vertebrale. Secondo lo sciamanesimo questo canale energetico rappresenta l'albero della vita interiore ed è quindi il nostro portale di connessione con i regni invisibili. Il coccige rappresenta le radici dell'albero della vita che ci connettono al mondo inferiore, il cranio simboleggia i rami e le foglie che ci conducono nel mondo superiore, mentre la colonna vertebrale simboleggia il nostro percorso nella dimensione del mondo di mezzo. Mentre proferiamo la parola «Io» dobbiamo percepire o visualizzare l'energia dell'universo che scende dal cielo sotto forma di luce bianca, si insinua nella sommità della testa e attraversa tutta la colonna vertebrale fino a raggiungere il coccige. Mentre pronunciamo la parola «sono» dobbiamo indirizzare questa energia luminosa verso il chakra del cuore, situato centralmente sullo sterno all'altezza dell'organo. Quando afferiamo ciò che siamo: luce, amore e spirito infinito, lasciamo che l'energia raggiunga il terzo occhio. Questo è il punto in cui la nostra volontà e la nostra capacità di immaginare si uniscono per creare ciò che desideriamo.

Il mantra va ripetuto ad alta voce concentrandosi sulle parole che vengono pronunciate. Lasciate che queste affermazioni vi purifichino da tutto il veleno emozionale che avete assorbito nel tempo. È probabile che inizialmente riscontrerete delle difficoltà nel porre la vostra attenzione sui vari punti energetici e contemporaneamente sulle parole che pronunciate, ma vedrete che con la pratica tutto diventerà semplice e naturale. Stringendo tra le mani un bicchiere colmo di acqua durante la recitazione del vostro mantra lo caricherete di una potente energia curativa, trasformandolo in un elisir portentoso.

Dopo aver terminato la recitazione del mantra, bevete l'acqua con sacralità e gratitudine. Mentre deglutite chiedete allo spirito dell'acqua di trasmettere le informazioni che ha ricevuto in ogni cellula del vostro corpo, poi ringraziatelo inviandogli amore incondizionato. L'acqua purificherà la vostra anima rendendovi man mano dei canali di amore incondizionato in grado di influenzare tutta la rete cosmica.

Questo rito è estremamente potente, al punto di migliorare il vostro umore e di condizionare positivamente tutti gli avvenimenti della vostra vita. Il mantra può essere anche modificato in base alle vostre esigenze. Se per esempio state sperimentando un problema di salute che volte risolvere potete utilizzare le seguenti affermazioni: «Io sono perfettamente sano. Io sono pieno di energia. Io sono benessere infinito». In questo modo creerete un elisir di guarigione. Se volete incrementare le vostre finanze potete invece utilizzare questo mantra: «Io sono immensamente ricco. Io sono circondato dall'abbondanza. Io sono benedetto dalla fortuna». Per attrarre l'amore nella vostra vita potete pronunciare queste frasi: «Io sono appagato sentimentalmente. Io sono amato. Io sono immensamente felice». Vi consiglio di non utilizzare più di tre affermazioni per non disperdere il potere di ogni singola frase. La ripetizione continua permetterà non solo alla vostra acqua di ricevere le informazioni contenute nelle parole, ma anche di riprogrammare il vostro inconscio, permettendo a queste frasi di diventare con il tempo delle credenze potenzianti. Può accadere che nel primo periodo la recitazione del mantra sortisca l'effetto opposto. Per esempio: recitate quotidianamente il mantra per attrarre la ricchezza e vi accorgete che la vostra situazione finanziaria peggiora, magari ricevete una multa salata o vi trovate a far fronte a delle spese impreviste. Questo accade perché state ancora subendo l'effetto di forme pensiero passate. Il mantra in questo caso non sta facendo altro che accelerare un processo già in atto in modo che possiate liberarvene quanto prima. Una volta superata questa fase inizialc potrete beneficiare dei risultati effettivi.

Questo rituale quotidiano vi permetterà di innalzare la vostra vibrazione permettendovi di attirare nella vostra vita ciò che realmente desiderate. Ricordate che è sempre e solo la vostra intenzione che permette all'acqua di caricarsi di determinate informazioni. Attraverso le parole riuscite a modificare il campo energetico dell'acqua al punto da imprimervi il loro significato. Al termine del rituale, bevendo l'elisir, assorbite voi stessi il potere magico delle vostre affermazioni. È l'intenzione, espressa attraverso la parola, a racchiudere il segreto della magia dell'acqua.

Il potere dell'intenzione

Il potere della parola può essere utilizzato anche a beneficio del prossimo. Se durante la giornata vi trovate ad assistere a litigi o discussioni, potete trasmutare queste energie semplicemente ripetendo dentro di voi queste parole: pace, amore e perdono. Ovviamente potete scegliere anche parole diverse, in base alla circostanza. Il mantra interiore può essere recitato in qualsiasi momento, mentre siete al lavoro, per strada o in metropolitana. In questi casi non è necessario utilizzare l'acqua perché non dovete interiorizzare queste informazioni ma liberarle nell'ambiente attraverso il vostro intento. Agite ponendo l'attenzione sul cuore, visualizzando le parole sotto forma di sfere di luce che escono dal vostro cuore illuminando la situazione che volete «guarire». Vi accorgerete ben presto che le circostanze negative verranno neutralizzate dal vostro intervento, in un modo che potremmo definire magico. È così che agisce il potere dell'intenzione sulla rete cosmica.

Laddove trovate oscurità siate portatori di luce. Dove incontrate odio emanate amore incondizionato. Questo farà di voi dei Guerrieri di Luce.

Appendice 1

LA GUARIGIONE SCIAMANICA

Studiando le varie culture sciamaniche scopriamo che i vari metodi di guarigione sono molto simili tra di loro. In tutte le popolazioni indigene i guaritori sostengono che la malattia abbia una sua origine spirituale e che si possa manifestare solo a seguito di una perdita di potere personale. Nella visione sciamanica un individuo può perdere il potere perché abbandonato dal proprio animale totem, oppure a causa della perdita dell'anima.

La malattia viene percepita dallo sciamano come un'energia parassitaria che deve essere estratta dal corpo per ripristinarne la salute. Per farlo lo sciamano accede a uno stato di espansione della coscienza e invoca i suoi spiriti aiutanti attraverso canti e preghiere per ricevere il loro aiuto, dopodiché esplora il corpo spirituale del malato per individuare la sede della malattia. Ogni patologia ha una sua sembianza specifica a livello spirituale. Solitamente le malattie si mostrano come ragni, vermi, sudiciume di vario tipo, fumo scuro, melma od oggetti metallici. Lo sciamano estrae il male poggiando la bocca sulla parte del corpo che lo ospita, succhiandolo per poi sputarlo in un catino ripieno di acqua o di sabbia. Questo procedimento può essere ripetuto anche più volte, finché il male non viene estirpato del tutto. Troviamo questo metodo di estrazione sia tra gli sciamani del Nord e Sud America sia tra quelli dell'Asia centrale e settentrionale.

Una volta liberato dallo spirito della malattia il soggetto può finalmente guarire, ma per evitare ricadute è opportuno ripristinare il suo potere personale. Come ho accennato in precedenza, gli sciamani credono che sia la perdita del potere a causare la malattia. Un soggetto con un'anima integra e protetto dai suoi spiriti aiutanti non può quindi ammalarsi. Purtroppo però sono in pochi a poter godere di tale privilegio. Nella visione sciamanica qualsiasi situazione particolarmente dolorosa o stressante può potenzialmente causare la perdita di frammenti di anima. Abusi sessuali, incidenti stradali e lutti sono tra le cause più comuni di questa sindrome. A volte però anche situazioni meno drammatiche, come subire un'ingiustizia o una delusione d'amore, possano causare una frammentazione dell'Io. I sintomi più comuni riconducibili alla perdita dell'anima sono apatia, depressione, stanchezza cronica, amnesia e il non sentirsi totalmente presenti nel corpo.

Ma perché l'anima si frammenta? Secondo lo sciamanesimo questo avviene come meccanismo di difesa che aiuta il soggetto a superare un evento traumatico con maggior facilità. È infatti la parte lesa che si distacca e porta via con sé parte del dolore e della memoria dell'evento. Non a caso, a seguito di traumi particolarmente scioccanti, molte persone tendono a soffrire di amnesia post traumatica, rimuovendo gran parte dell'accaduto.

Nella visione sciamanica il detto *Ciò che non ti uccide ti fortifica* non potrebbe essere più sbagliato. In realtà più una persona è colpita da eventi traumatici e maggiore sarà la perdita del suo potere personale.

Recuperare l'anima è essenziale per ridare al soggetto energia, salute e vitalità. Il compito dello sciamano è quindi quello di viaggiare nei mondi invisibili per ritrovare l'anima e convincerla a ritornare a casa. In questo processo giocano un ruolo decisivo le facoltà persuasive del guaritore. L'anima generalmente non vuole far rientro nel corpo poiché la sua fuga è stata indotta da una forte sofferenza fisica, emotiva o mentale. L'opera di convincimento è quindi fondamentale affinché la guarigione abbia successo.

La caccia all'anima è una pratica diffusa in moltissime dottrine sciamaniche. Anche se tra le varie culture indigene troviamo delle differenze nel metodo impiegato, resta il fatto che tutte considerano il recupero dell'anima una pratica fondamentale per ripristinare la salute, l'energia e il benessere dei membri della comunità.

Un'altra causa di malattia riconosciuta in ogni cultura sciamanica è il fenomeno di possessione. Questa sindrome si manifesta quando lo spirito di un defunto prende possesso di un corpo ancora in vita. Questa invasione spirituale può portare numerosi disturbi mentali tra cui la schizofrenia, la sindrome della personalità multipla e la dissociazione. Anche la chiesa cattolica riconosce la possessione come patologia spirituale. Il prete esorcista riveste un ruolo simile a quello dello sciamano, poiché mette in atto un antico rituale con l'intento di allontanare lo spirito maligno dal corpo della vittima. Benché il fine sia lo stesso, la visione sciamanica è assai diversa rispetto a quella cattolica. Il prete esorcista, convinto di aver a che fare con un demone, scaccia «l'essere immondo» apostrofandolo nei modi più ignobili. Lo sciamano ha invece un approccio compassionevole, perché sa che lo spirito in questione non è altro che l'anima di un defunto che si è smarrita senza riuscire a trovare la strada verso la luce. Occupare un corpo ancora in vita permette allo spirito di sperimentare nuovamente la realtà attraverso i sensi. Le anime dei defunti che non riescono ad andare verso la luce rimangono come imprigionate nel mondo di mezzo in uno stato confusionale e sofferente. È per questo che alcuni spiriti decidono, più o meno consapevolmente, di impossessarsi di chi è ancora in vita. Lo sciamano sa bene che queste anime hanno bisogno di aiuto e si relaziona a loro in modo amorevole. Anche in questi casi la facoltà di persuasione gioca un ruolo importante ai fini della guarigione. Lo sciamano, infatti, dovrà convincere lo spirito ad abbandonare il corpo della vittima. La depossessione viene in fine ultimata accompagnando lo spirito invasore verso la luce. Quest'ultimo aspetto è forse il più importante perché impedisce allo spirito di possedere altre persone.

Le pratiche sciamaniche possono essere impiegate per guarire qualsiasi tipo di malattia poiché agiscono a livello spirituale. Non per questo va sottovalutata l'importanza della medicina tradizionale. Molti nativi americani del nostro tempo curano sia il corpo che lo spirito, convinti che entrambi necessitano di uguale attenzione.

Come abbiamo visto, l'approccio dello sciamano nella cura delle malattie è molto diverso rispetto a quello del medico tradizionale, ma non per questo le due modalità devono essere considerate incompatibili. Il medico cura il corpo e in particolare i sintomi della malattia, lo sciamano cura l'anima del paziente e agisce per eliminare la causa spirituale del male. Personalmente ritengo che queste due figure dovrebbero collaborare per ottimizzare la cura del paziente, poiché entrambe svolgono un ruolo fondamentale ai fini della guarigione. Purtroppo molto spesso subentra l'ego del terapeuta che considera validi solo i suoi metodi curativi, rifiutando categoricamente tutto ciò che gli è estraneo. L'ego non dovrebbe mai interferire nella terapia per ritrovare la salute e il benessere. L'umiltà, lo spirito compassionevole e la totale dedizione al malato sono caratteristiche che qualsiasi guaritore dovrebbe avere, a prescindere dal suo approccio terapeutico.

Appendice 2

ANGELI E SCIAMANESIMO

La maggior parte delle persone associa gli angeli alla religione cristiana. Pochi sanno che la figura dell'angelo è comparsa più di 5.000 anni prima della nascita di Cristo, nell'antica civiltà sumerica, situata nella Mesopotamia meridionale. Tra i reperti archeologici attribuiti ai Sumeri si trovano numerose statuette che raffigurano esseri alati dalle sembianze umane. I Sumeri credevano che, al momento della nascita, ogni uomo venisse affidato a un angelo custode, che aveva il compito di proteggerlo durante il corso della vita. Tali esseri celesti venivano considerati degli intermediari tra gli uomini e gli dei e, per questo motivo, venivano onorati costruendo altari dedicati a loro.

Un personaggio che ha contribuito a diffondere il culto degli angeli è senza dubbio Zarathustra, il profeta iraniano vissuto intorno al X secolo a.C. Si pensa che quest'ultimo fosse in grado di comunicare con gli angeli e che furono proprio queste entità celesti a influenzare le dottrine contenute nell'*Avesta*, testo sacro dello zoroastrismo. Zarathustra fu il primo a introdurre il concetto di gerarchie angeliche, considerate come un'emanazione di Dio.

L'influenza del profeta fu tale da determinare la nascita di una religione monoteista che si diffuse in tutto l'Impero Persiano. Anche il giudaismo fu condizionato dalla figura di Zarathustra, al punto da assorbire il culto degli angeli nel suo credo religioso.

Le sacre scritture sono state il veicolo che hanno portato l'angelologia fino ai giorni nostri. La maggior parte delle persone crede erroneamente che il culto degli angeli sia una prerogativa esclusiva della religione cattolica, ma in realtà la sua diffusione è ben più vasta. I mussulmani credono che fu l'Arcangelo Gabriele a dettare al profeta Maometto il Corano, testo nel quale compaiono tra l'altro numerosi angeli e arcangeli.

Da questa breve analisi si evince che gli angeli sono entità spirituali universalmente riconosciute come tali, che trascendono le differenze culturali e religiose.

Persino in numerose culture sciamaniche troviamo la presenza degli angeli. Queste entità celesti si mostrano solitamente nel mondo superiore e possono rivelarsi come maestri o guaritori spirituali. Gli angeli sono presenti soprattutto nello sciamanesimo sudamericano, ma ne esistono testimonianze anche tra gli aborigeni australiani e tra i nativi siberiani.

Quando ho cominciato il mio apprendistato sciamanico ho vissuto molte esperienze estatiche sotto lo guida degli angeli. Alcuni si sono mostrati come esseri di luce, mentre altri nell'immagine attestata dall'iconografia tradizionale. Voglio precisare che non ho mai nutrito alcun interesse specifico per l'angelologia, pertanto queste esperienze mi hanno colpito particolarmente. Durante i miei viaggi sciamanici nel mondo superiore sono entrato in contatto con l'Arcangelo Michele che si è rivelato uno dei miei maestri. La sua presenza è costante nella mia vita e mi aiuta nel mio lavoro di guaritore e di guida spirituale. Grazie alle rivelazioni ricevute dell'Arcangelo Michele ho ideato lo *Sciamanesimo Angelico*®, una pratica spirituale che permette di comunicare con il proprio angelo custode e di ricevere l'aiuto degli Arcangeli Maestri. Durante i miei contatti con il regno angelico mi sono stati insegnati dei metodi di guarigione spirituale affinché li divulgassi attraverso il mio lavoro. Per rivelazione diretta ho appreso che gli Arcangeli che hanno il compito di aiutare l'umanità sono quattro: l'Arcangelo Raffaele, l'Arcangelo Michele, l'Arcangelo Gabriele e l'Arcangelo Uriel.

Queste entità celesti sono anche i guardiani del nostro mondo e ognuno di loro ha poteri e qualità diverse. Praticando lo *Sciamanesimo Angelico*® è possibile entrare in contatto con queste forze divine attraverso una rivelazione diretta. Contrariamente al tradizionale culto degli angeli, dove è possibile invocare il loro aiuto ma senza ricevere un riscontro diretto, nello *Sciamanesimo Angelico*® si può comunicare con queste entità divine, percepirle attraverso i sensi e sperimentare personalmente le loro guarigioni.

Appendice 3

VIAGGI SCIAMANICI

La guarigione della madre terra

Una pratica sciamanica molto diffusa è quella di compiere un viaggio spirituale per esplorare il centro della terra. Lo scopo di questo viaggio è quello di attingere forza, vitalità e potere dal nucleo terrestre. Potete effettuare questo viaggio ogni volta che vi sentite scarichi o che volete purificare il vostro campo energetico. Per poter ottenere il massimo da questo esercizio vi consiglio di praticarlo all'aperto, in un bosco, in un prato oppure su una spiaggia. In alternativa potete svolgerlo a casa, assicurandovi di non venire disturbati. Sedete a terra oppure sdraiatevi, in modo da avere il corpo a diretto contatto con il terreno. Per facilitare il raggiungimento di uno stato di espansione della coscienza vi consiglio di utilizzare una traccia audio di tamburеggiamento sciamanico. Respirate profondamente gonfiando l'addome finché non vi sentite completamente rilassati. A questo punto visualizzate delle radici che spuntano dal vostro corpo e si insinuano nella terra. Osservate le radici che si allungano sempre di più, attraversando tutti gli strati del sottosuolo fino a raggiungere il nucleo terrestre. Lasciate che il vostro spirito passi attraverso le radici e giunga al centro della terra. Visualizzatevi all'interno di questo globo di fuoco e concedetevi un po' di tempo per esplorare tale dimensione con tutti i vostri sensi. Quali immagini si mostrano di fronte a voi? Quali sensazioni attraversano il vostro animo? Quali suoni udite? Quali profumi captate? Come vi sentite nel grembo di Madre Terra?

Quando sarete pronti, lasciate che il magma vi sciolga e diventate un tutt'uno con quell'energia meravigliosa. Sperimentate questo senso di fusione, dopodiché chiedete alla Madre Terra di rivelarsi. Attendete che la Dea si manifesti assumendo la forma più adatta al vostro sentire. Se incontrate delle difficoltà ripetete l'intento di voler incontrare e conoscere Madre Terra finché lei non si mostrerà a voi. Accogliete la rivelazione senza esprimere giudizi, con la consapevolezza che qualsiasi sembianza sceglierà la Dea sarà giusta per voi.

Può essere che Madre Terra vi appaia come un essere luminoso, un animale, una ninfa, un angelo ecc. Una volta che riuscirete a vederla o percepirla, chiedetele di eliminare tutti i pensieri, le emozioni e le preoccupazioni che appesantiscono il vostro cuore. Lasciate che la Dea agisca e ponete l'attenzione su tutte le sensazioni che avvertite a livello fisico, emozionale e mentale. Dopo chiedete a Madre Tera di liberarvi dalla tristezza, dalla rabbia, dalla paura e da qualsiasi emozione negativa. Una volta che vi sarete purificati da ogni energia nociva, chiedete alla Dea di colmarvi del potere della terra in modo da rendervi più forti, sani e vitali. È probabile che avvertirete un potente flusso di energia attraversare tutto il vostro corpo, ma può essere anche che Madre Terra agisca su di voi in modo diverso. Siate aperti a qualsiasi eventualità, senza escludere l'intervento divino con la vostra mente.

Una volta ultimata l'esperienza, ringraziate Madre Terra per il suo prezioso aiuto e risalite in superficie attraverso le radici. Ritornate nel vostro corpo e lentamente cominciate a muovere qualche muscolo. Concentratevi nuovamente sul respiro e, quando sarete pronti, aprite gli occhi.

La guarigione del grande padre

Il viaggio sciamanico che vi andrò ad illustrare ha lo scopo di ricevere una guarigione spirituale da parte del Grande Padre (il sole). Preparatevi a questa esperienza seguendo la consueta procedura iniziale, dopodiché visualizzatevi in un luogo all'aperto, come un parco, una spiaggia o in cima a una montagna. Abitate il luogo utilizzando i vostri sensi e, quando vi sentite pronti, guardate il sole che splende sopra la vostra testa. Ripetete dentro di voi l'intento di voler incontrare e conoscere il Grande Padre, dopodiché cominciate ad ascendere lasciandovi attirare dalla forza dell'astro. Molti si sentono come risucchiati dal sole e lo raggiungono in un lampo, altri vengono accompagnati da un animale alato, reale o mitologico. Le rivelazioni sono sempre uniche, quindi non stupitevi se sperimenterete una modalità tutta vostra per arrivare a destinazione. Una volta raggiunto il sole fondetevi con il suo fuoco divino e lasciate che la sua luce vi rigeneri totalmente, poi ponete l'attenzione sul cuore e chiedete al Grande Padre di rivelarsi. Lo spirito del sole si mostra solitamente come un vecchio saggio con i capelli e la barba lunga, ma ad alcuni si manifesta come un giovane aitante o un essere di luce. Lasciate che lo spirito si mostri spontaneamente a voi nel modo che preferisce, dopodiché iniziate a inviargli amore incondizionato. Questo passaggio è fondamentale per stabilire un contatto con l'entità. Vi accorgerete che il Grande Padre vi colmerà di amore e luce di rimando, creando una profonda connessione spirituale tra di voi. A questo punto chiedete allo spirito del sole di liberarvi da ogni energia nociva o parassitaria e lasciate che agisca come meglio crede. Molte persone sperimentano un'estrazione sciamanica, ovvero il Grande Padre estrae dal loro corpo le energie negative mediante una sorta di chirurgia spirituale. Successivamente lo spirito trasmuta queste tossine energetiche in luce facendole bruciare nel fuoco solare. Per ultimare la guarigione, il Grande Padre riempie i vuoti lasciati dall'opera di estrazione con la sua luce divina. Le energie nocive si mostrano generalmente come fumo o fluidi scuri, pietre od oggetti metallici oppure sciami di insetti o vermi di vario tipo. Non spaventatevi quindi se durante la trance vedrete ragni o scarafaggi spuntare fuori dal vostro corpo.

Altre persone sperimentano una totale trasmutazione, ovvero il Grande Padre compie la guarigione facendo ardere completamente i loro corpi nel fuoco solare, fino a dissolverli. Successivamente lo spirito ricostruisce le loro membra con la luce divina. Questo intervento rende il campo energetico come nuovo e privo di qualsiasi negatività.

Anche in questo viaggio sciamanico il tipo di esperienza che si sperimenta è del tutto personale. Affidatevi quindi al Grande Padre e lasciate che compia la guarigione più adatta a voi. Quando lo spirito avrà ultimato il suo lavoro, ringraziatelo e inviategli amore come segno di riconoscimento del suo intervento divino, dopodiché tornate indietro nel vostro luogo di potere ripercorrendo il tragitto a ritroso. Una volta giunti a destinazione potete aprire gli occhi e ritornare nella realtà ordinaria.

Incontro con lo spirito della luna

Fin dall'antichità la luna ha scandito i cicli della natura suscitando mistero e fascino. L'influsso di questo astro sul nostro pianeta è visibile in modo tangibile nelle maree ed è quindi ovvio che abbia un effetto anche su tutti gli esseri viventi. In astrologia la Luna rappresenta il principio femminile, l'archetipo della madre, le emozioni, i sentimenti, il mondo onirico, le facoltà medianiche, l'intuizione e l'introspezione.

In tutte le culture sciamaniche è diffusa l'usanza di celebrare cerimonie e riti propiziatori durante le notti di luna piena. Anche le cerimonie del fuoco vengono spesso organizzate in concomitanza del plenilunio. Questo perché si è sempre creduto, fin dall'inizio dei tempi, che la luna avesse il potere di amplificare e canalizzare le energie degli sciamani, aiutandoli a realizzare i loro intenti. Alcune pratiche, come quella di lasciare i cristalli sotto la luce lunare per caricarli di energia, proviene proprio dallo sciamanesimo.

Per scoprire, mediante una rivelazione diretta, che tipo di influsso ha questo astro su di voi, vi invito ad effettuare un viaggio per conoscere lo spirito della luna.

Il viaggio andrebbe effettuato di notte, preferibilmente durante il plenilunio. Procedete seguendo la prassi iniziale e concentratevi sul respiro mentre vi abbandonate al suono del tamburo. Recatevi con l'immaginazione in un luogo all'aperto, una spiaggia, un parco, un bosco ecc. È notte e il cielo è limpido, illuminato da una bellissima luna piena. Visualizzate un fascio di luce argentata che dalla luna scende fino ad avvolgervi completamente. Sentite la luce lunare che attraversa il vostro corpo partendo dalla testa, illuminando il cervello, per poi scendere lungo il collo, il torace e le braccia. Percepite la luce che avvolge i polmoni e li riempie di energia divina, per poi raggiungere il cuore facendolo risplendere. Visualizzate il cuore che comincia a pulsare di luce diffondendola in ogni cellula del vostro corpo. Poi lasciate che il flusso luminoso scenda lungo la parete addominale, irradiando tutti i vostri organi: lo stomaco, il fegato, i reni, il pancreas, la cistifellea e l'intestino. Lasciate che la luce si diffonda nei genitali, per poi scorrere lungo le gambe, fino a raggiungere le dita dei piedi. Cercate di sentirvi completamente avvolti dalla luce lunare prima di intraprendere il vostro viaggio, dopodiché lasciatevi trasportare dal fascio di luce per raggiungere l'astro.

Visualizzatevi mentre fluttuate lungo questo tunnel luminoso per poi elevarvi via via più in alto. Osservate la terra allontanarsi e diventare una sfera sempre più piccola. Continuate a salire e osservate la luna farsi sempre più grande, più vicina, fino a poggiarvi i piedi. A questo punto utilizzate tutti vostri sensi per abitare questo nuovo pianeta. Cercate di vedere quello che vi circonda. Com'è il panorama intorno a voi? Quali sono i colori dominanti? Fate attenzione ai suoni, alla temperatura, ai profumi e alle sensazioni che avvertite. Quando vi sentite totalmente presenti, andate alla ricerca di una grotta. È lì che incontrerete lo Spirito della luna. Una volta che troverete la caverna, addentratevi con rispetto, consapevoli di intraprendere un'esperienza sacra. Esplorate la grotta finché non trovate lo Spirito della luna. Lasciate che si mostri a voi e assuma le sembianze adatte al vostro sentire. L'entità può rivelarsi come una donna giovane, un'anziana, una sagoma luminosa, un angelo, un animale (reale o mitologico)... Quale che sia l'aspetto assunto dallo spirito sarà quello giusto per voi.

Quando sentite di trovarvi a cospetto dello Spirito della luna potrete chiedergli delle informazioni preziose legate alle fasi lunari: luna crescente, plenilunio, luna calante e luna nuova. Potete scoprire in quale di queste fasi avete un'energia più alta o quando è più opportuno iniziare un determinato progetto. Inoltre potrete chiedere allo Spirito come utilizzare il potere magico della luna per realizzare i vostri desideri. L'entità diventerà con il tempo uno spirito guida in grado di aiutarvi lungo il vostro cammino sciamanico. Potete chiedergli come è opportuno utilizzare l'influsso lunare per caricare gli oggetti di potere: pietre, cristalli, ciondoli, bastoni sciamanici ecc. Lo Spirito della luna viene spesso interpellato anche per ricevere delle divinazioni riguardanti il futuro. Ovviamente dovete essere preparati all'eventualità che quello che vi verrà predetto potrebbe non piacervi. Personalmente preferisco chiedere dei consigli per portare a termine i miei intenti perché è un modo molto più produttivo per realizzare il futuro che desidero.

Una volta ricevute tutte le informazioni, ringraziate lo Spirito della luna e congedatevi. Uscite dalla caverna, ripercorrete il cammino a ritroso e raggiungere il fascio di luce argentata che vi collega alla terra. Immergetevi nella sorgente luminosa e lasciatevi fluttuare nello spazio per proseguire il vostro viaggio verso casa. Man mano che avanzate vedrete la terra diventare sempre più grande, sempre più vicina, fino a riconoscere dall'alto il tetto della vostra abitazione. Rientrate lentamente nel corpo, concentratevi sul respiro e contemporaneamente muovete qualche muscolo per tornare nel qui e ora. Quando vi sentite pronti aprite gli occhi.

CONTATTI

Per ricevere informazioni sui seminari di *Sciamanesimo* e di *Sciamanesimo Angelico*®, visitate i siti internet dell'Associazione Culturale Violetta Marmarà:

www.ilviaggiosciamanico.it
www.sciamanesimoangelico.it

BIBLIOGRAFIA

Mircea Eliade, *Lo Sciamanismo e le tecniche dell'estasi*, Mediterranee, Roma, 2005.

Michael Harner, *La via dello Sciamano*, Mediterranee, Roma, 2009.

S. Ingerman e **H. Wesselman**, *I Segreti degli Sciamani*, Macro Edizioni, Cesena (FC), 2013.

Sandra Ingerman, *Il Viaggio Sciamanico*, Crisalide, Spigno Saturnia (LT), 2008.

Carlos Castaneda, *L'arte di Sognare*, Bur, Milano, 2012.

Graham Hancock, *Sciamani, i Maestri dell'umanità*, Tea, Milano, 2009.

Michael Harner, *La caverna e il cosmo*, Crisalide. Spigno Saturnia (LT), 2013.

Sandra Ingerman, *Il Recupero dell'Anima*, Crisalide, Spigno Saturnia (LT), 2001.

Sandra Ingerman, *Medicina per la terra*, Crisalide, Spigno Saturnia (LT), 2004.

Yehuda Berg, *Il Potere della Kabbalah*, Tea, Milano, 2005.

Wayne W. Dyer, *Il Potere dell'Intenzione*, Corbaccio, Milano, 2005.

Scott Cunningham, *La Magia degli Elementi*, Armenia, Milano, 2005.

K. Rechens e **G. Bydlinski**, *Figli del Grande Spirito*, Il Punto d'Incontro, Vicenza, 1997.

C. Michael Smith, *Jung e lo Sciamanesimo*, Amrita, Torino, 2014.
Elaine Wilkes, *I Messaggi Segreti della Natura*, My Life, Coriano di Rimini, 2015.
Clarissa Pinkola Estés, *Donne che corrono coi lupi*, Sperling & Kupfer, 2009.
Migene Gonzàles - Wippler, *Kabbalah e la Magia degli Angeli*, Psiche 2, Torino 2014.
Maurizio Dina, *Iniziazione allo Sciamanesimo*, Mediterranee, Roma, 2002.
John Matthews, *Sciamanesimo Celtico*, L'Età dell'Acquario, Torino, 2002.
Don Miguel Ruiz, *I quattro accordi*, Il Punto d'Incontro, Vicenza, 2011.
Francis Melville, *Angeli*, Armenia, Cornaredo (MI), 2015.
Jean de Blanchefort, *Magia*, Armenia, Cornaredo (MI), 1994.
Scott Cunningham, *Wicca*, Armenia, Cornaredo (MI), 2015.
Barbara Ann Brennan, *Mani di Luce*, Corbaccio, Milano, 2014.
Masaru Emoto, *Il Miracolo dell'Acqua*, Il Punto d'Incontro, Vicenza, 2007.
Marco Massignan, *Costellazioni rituali*, Tecniche Nuove, Milano, 2014.
Carlos Castaneda, *La Ruota del Tempo*, Bur, Milano, 2013.
Emmanuel Anati, *Iniziazione e riti di passaggio*, Atelier, Capo di Ponte (BS), 2011.
Giulio Fanini, *La visione sacra degli indiani d'America*, Area 51, Bologna, 2014.
Alessandra Comneno e **Maurizio Balboni**, *Pratiche Sciamaniche*, Anima, Milano, 2013.
Alessandra Comneno, *Custode del Fuoco Sacro*, Anima, Milano, 2015.
Lumira, *Guarigione spirituale*, Macro Edizioni, Cesena (FC), 2015.
Sandra Ingerman, *Guida completa alla vita sciamanica*, Macro Edizioni, Cesena (FC), 2016.

INDICE